Bébés génies

De 12 à 36 mois

**120 jeux pour stimuler
les capacités cérébrales de votre enfant**

D0931604

JACKIE SILBERG

Bébés génies

De 12 à 36 mois

**120 jeux pour stimuler
les capacités cérébrales de votre enfant**

Illustrations de Nancy Isabelle Labrie

Adaptation française d'Isabelle Allard

Guy Saint-Jean
ÉDITEUR

Catalogage avant publication de Bibliothèque et Archives Canada
Silberg, Jackie, 1934 -
Bébé génies 12-36 mois: 120 jeux pour stimuler les capacités cérébrales de votre enfant
Traduction de: *125 brain games for toddlers and twos*.
Comprend des réf. bibliogr.
ISBN 978-2-89455-244-5
1. Aptitude chez l'enfant. 2. Intelligence – Problèmes et exercices. 3. Apprentissage –
Problèmes et exercices. 4. Jeux éducatifs. 5. Tout-petits - Psychologie. I. Titre.
BF723.A25S5414 2007   155.42'339   C2007-940353-0

Nous reconnaissons l'aide financière du gouvernement du Canada par l'entremise
du Programme d'Aide au Développement de l'Industrie de l'Édition (PADIÉ)
ainsi que celle de la SODEC pour nos activités d'édition.

Patrimoine   Canadian
canadien   Heritage   Canada   SODEC
Québec

Gouvernement du Québec — Programme de crédit d'impôt
pour l'édition de livres — Gestion SODEC

© Copyright 1999 Jackie Silberg
Publié originalement aux États-Unis par Gryphon House, Inc.
10726 Tucker Street, Beltsville MD 20705 sous le titre *125 Brain Games for Toddlers and Twos*.

© Pour l'édition en langue française Guy Saint-Jean Éditeur inc. 2007

Traduction: Isabelle Allard
Révision: Jeanne Lacroix
Conception graphique: Christiane Séguin
Illustrations: Nancy Isabelle Labrie, www.mainsreveuses.com
Dépôt légal – Bibliothèque et Archives nationales du Québec,
Bibliothèque et Archives Canada, 2007
ISBN 978-2-89455-244-5

Distribution et diffusion
Amérique: Prologue
France: Volumen
Belgique: La Caravelle S.A.
Suisse: Transat S.A.

Tous droits de traduction et d'adaptation réservés. Toute reproduction d'un extrait
quelconque de ce livre par quelque procédé que ce soit, et notamment par photocopie
ou microfilm, est strictement interdite sans l'autorisation écrite de l'éditeur.

Guy Saint-Jean Éditeur inc.
3154, boul. Industriel, Laval (Québec) Canada. H7L 4P7. (450) 663-1777.
Courriel: saint-jean.editeur@qc.aira.com • Web: www.saint-jeanediteur.com

Guy Saint-Jean Éditeur France
48 rue des Ponts, 78290 Croissy-sur-Seine, France. (1) 39.76.99.43.
Courriel: gsj.editeur@free.fr

Imprimé au Canada

Pour l'émerveillement et la joie
que procurent les jeunes enfants !

Remerciements

À mon éditrice, Kathy Charner :
merci du fond du cœur pour tes commentaires pertinents
et encourageants, ainsi que ta chaleureuse
et précieuse amitié.

À Leah et Larry Rood,
propriétaires de la maison d'édition Gryphon House :
merci de votre merveilleuse amitié
et de votre soutien indéfectible
dans tout ce que j'entreprends.

Table des matières

Introduction

Quel plaisir de jouer avec des bambins ! Ils sont affectueux, confiants, dynamiques, curieux, exigeants, grouillants, ravissants, énergiques, drôles, indépendants, joyeux, adorables, fouineurs, observateurs, irrésistibles, stimulants, surprenants et imprévisibles.

Ce livre a pour objectif de contribuer au développement de ces adorables petits êtres par le biais de jeux stimulants. Des activités comme chanter, danser, cajoler, bercer, parler, sentir ou goûter conduisent à la formation de nouvelles connexions dans leurs circuits cérébraux.

Certaines cellules cérébrales, appelées neurones, sont déjà reliées à d'autres cellules avant même la naissance. Ces neurones contrôlent le rythme cardiaque, la respiration et les réflexes de l'enfant, ainsi que d'autres fonctions essentielles à sa survie. Le reste des connexions cérébrales est encore à faire.

Les neurones sont conçus pour établir des connexions. Une seule cellule peut être reliée à 15 000 autres. Chaque cellule envoie des signaux à d'autres cellules cérébrales, qui lui transmettent de l'information à leur tour. Ces signaux, sous forme d'impulsions électriques, voyagent le long de la cellule nerveuse. Des substances chimiques (comme la sérotonine) circulent d'une cellule à une autre, créant des connexions, ou synapses.

Les ramifications réceptives des cellules nerveuses, appelées dendrites, croissent et se joignent pour former des centaines de milliards de synapses. Ce réseau incroyablement complexe est souvent désigné comme le « câblage » ou les circuits du cerveau. Le poids de ce dernier triple, atteignant presque la taille d'un cerveau adulte. Bien que diverses parties du cerveau se développent à des rythmes différents, de nombreuses études ont démontré que la période de production maximale des synapses s'étale de la naissance à l'âge de dix ans.

Quand un enfant atteint l'âge de trois ans, son cerveau contient 1000 milliards de connexions, c'est-à-dire deux fois plus qu'un cerveau d'adulte. Le cerveau d'un bébé est constitué d'un réseau très dense, et demeurera ainsi pendant les dix premières années de sa vie. Vers l'âge de onze ans, le cerveau commence à se défaire des connexions superflues, mettant graduellement de l'ordre dans cet enchevêtrement de circuits.

Comment le cerveau détermine-t-il quelles connexions conserver? C'est ici que les expériences de la petite enfance jouent un rôle crucial. Lorsqu'une connexion est utilisée de façon répétitive dans les premières années de vie, elle devient permanente. Inversement, une synapse peu ou pas utilisée a peu de chances de subsister. Un bébé à qui l'on parle beaucoup dès la naissance apprendra sans doute facilement à parler. Un nourrisson dont les gazouillis sont accueillis par des sourires plutôt que par de l'indifférence a plus de chances de s'épanouir sur le plan affectif. Par contre, un jeune enfant à qui on parle ou lit très peu risque d'avoir des difficultés en matière d'apprentissage du langage. De même, un enfant avec qui on ne joue pas souvent éprouvera peut-être des difficultés sur le plan de l'adaptation sociale. Comme l'explique Harry Chugani, neurologue au Children's Hospital et à l'Université Wayne State de Detroit: «Un enfant qui apprend le piano établira les connexions correspondantes. Vingt ans plus tard, il réapprendra à jouer plus facilement qu'une personne qui n'a jamais étudié le piano.»

En matière de fonctionnement du cerveau humain, les chercheurs ont appris davantage au cours des dix dernières années que dans les années qui ont précédé. Leurs connaissances doublent à chaque décennie! La découverte que les expériences de la petite enfance influencent profondément le développement du cerveau a transformé la façon dont nous percevons les besoins des tout-petits.

Les recherches récentes ont permis de vérifier ce qu'on soup-çonnait depuis longtemps : d'abord, la capacité d'un individu d'ap-prendre et de s'épanouir dans diverses situations dépend de l'interaction entre la nature (héritage génétique) et l'éducation (soins, stimulation et formation); ensuite, le cerveau humain est conçu pour tirer parti des expériences et apprentissages, surtout ceux survenant dans les premières années de vie; enfin, il est pos-sible d'apprendre tout au long de la vie, même si les possibilités et les risques sont plus élevés dans la petite enfance.

La meilleure façon de favoriser les connexions cérébrales chez le jeune enfant est de lui fournir ce dont il a besoin, c'est-à-dire un environnement sûr et intéressant à explorer, rempli de gens prêts à répondre à ses besoins intellectuels et affectifs. Les recherches confirment ce que nous savions déjà : les jeunes en-fants ont besoin de parents et éducateurs aimants et attentifs, qui leur fredonnent des chansons, leur parlent, les cajolent et leur lisent des histoires, au lieu de brandir des cartes éclair devant leurs yeux. Les activités proposées dans ce livre ont pour objectif de développer la capacité cérébrale des enfants de un à trois ans, afin de mettre en place les outils nécessaires à leurs futurs apprentis-sages. Ces jeux sont accompagnés d'informations issues des plus récentes recherches sur le cerveau. Ils procurent un bon départ aux tout-petits, en plus d'être divertissants !

Nous pouvons aider les enfants à se développer en leur pro-posant de multiples expériences, activités et jouets, en leur posant des questions stimulantes et, bien sûr, en les entourant d'amour et de sécurité.

Si on me touche tout doucement
Si on me regarde en souriant
Si mes paroles sont écoutées
je grandirai, je grandirai.
Anonyme

Je pousse

*Les bambins adorent pousser des objets et les regarder
se déplacer. Ils aiment savoir qu'ils sont capables
de les faire bouger. Les jeux de poussée procurent
à l'enfant un sentiment de puissance et de contrôle.
Ils constituent un excellent moyen d'accroître
sa confiance et sa coordination.*

◆ ◆ ◆

Réunissez différents objets que votre enfant
pourra pousser. Choisissez des choses légères, comme
des peluches, de petits jouets ou un jouet à pousser.

◆

Poussez vous-même un des jouets en disant:
«Un, deux, trois, pousse!»

◆

Comptez de nouveau en encourageant
votre enfant à pousser

◆

Lorsqu'il se mettra à répéter le chiffre «tois» (trois)
à longueur de journée, vous saurez qu'il raffole de ce jeu!

◆ ◆ ◆

Selon les chercheurs

*Les connexions associées à la vision et aux habiletés
motrices doivent être établies à un très jeune âge, car le
cerveau adulte n'a pas la plasticité nécessaire pour s'adapter
à un grand nombre de nouvelles expériences.*

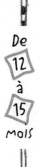
Caresses et cajoleries

Ce jeu apprend aux tout-petits à se comporter avec douceur et tendresse.

◆ ◆ ◆

Asseyez-vous sur le sol avec votre enfant.

◆

Placez deux ou trois animaux en peluche à côté de vous. Prenez-en un dans vos bras et cajolez-le en disant: «J'aime jouer avec toi. Tu es si doux. J'aime te bercer.»

◆

Bercez ensuite votre bambin.

◆

Donnez-lui un des animaux en peluche et demandez-lui de le cajoler et de lui donner des baisers.

◆

Poursuivez ce jeu tant que l'enfant se montrera intéressé. Vous le surprendrez bientôt en train d'y jouer seul.

◆ ◆ ◆

Selon les chercheurs

D'après le Dr Bruce Perry, psychiatre, les jeunes enfants qui ne bénéficient pas de soins attentifs et aimants risquent d'être dépourvus des circuits cérébraux nécessaires à l'établissement de liens affectifs étroits.

Le langage enfantin

*Le langage enfantin ou modulé désigne les sons aigus
qu'utilisent les adultes pour parler ou chanter aux tout-petits.*

◆ ◆ ◆

Essayez de chanter à votre enfant en prenant une voix aiguë.
Choisissez des chansons populaires comme *Le roi Dagobert*,
À la claire fontaine ou *Il était un petit navire*.

◆

En tenant votre enfant contre vous, chantez
d'une voix normale, puis d'un ton aigu.

◆

Votre petit sera particulièrement attentif
lors de la seconde écoute.

◆ ◆ ◆

Selon les chercheurs

*Lorsqu'on leur parle d'une voix aiguë (langage modulé),
les jeunes enfants écoutent plus attentivement
et apprennent donc à saisir l'importance des mots.*

À quatre pattes

*Lorsque votre enfant commence à ramper,
encouragez-le avec ce jeu.*

◆ ◆ ◆

Placez un de ses jouets préférés à l'autre bout de la pièce.

◆

Mettez-vous à quatre pattes et avancez jusqu'au jouet.
Quand vous l'avez atteint, prenez-le et faites-le «parler»:
«Viens, (nom de l'enfant)! Viens me chercher!»

◆

Encouragez votre tout-petit à ramper jusqu'au jouet.

◆

S'il est sur le point de marcher, placez le jouet un peu
plus haut, afin qu'il se lève pour l'atteindre.

◆

Vous pouvez aussi vous amuser à ramper en cercle avec lui.

◆ ◆ ◆

Selon les chercheurs

*Les minéraux sont les matériaux de base nécessaires à la
formation de synapses. Si certains enfants apprennent à ramper
et à marcher plus jeunes, c'est entre autres parce qu'ils
produisent ces minéraux plus tôt dans leur développement.*

Un, deux, trois, toc !

• • •

Prenez votre enfant sur vos genoux, face à vous.

•

Dites : « Un, deux, trois, toc ! » Au mot toc, prenez sa tête
et toquez-la doucement contre la vôtre.

•

Comptez de nouveau, puis cognez vos nez.

•

Poursuivez le jeu avec différentes parties du corps :
les coudes, les genoux, les joues, les oreilles, le menton.

◆ ◆ ◆

Selon les chercheurs

*Les contacts physiques entraînent la production
d'hormones essentielles à la croissance de votre enfant.
L'amour que vous lui portez est un lien puissant,
mais les façons dont s'exprime cet amour affectent
la formation des synapses dans son cerveau.*

Fais dodo

•••

Prenez votre bambin dans vos bras et bercez-le en chantant
des berceuses telles que *Une chanson douce*, *Fais dodo*,
Ferme tes jolis yeux, *Au clair de la lune* ou *Dodo, l'enfant do*.

•

Le mouvement de bercement l'apaisera
et lui inspirera un sentiment de confiance.

•

Après la chanson, donnez-lui un câlin.

◆ ◆ ◆

Selon les chercheurs

*Des études récentes ont démontré que l'exposition
à la musique améliore le raisonnement spatio-temporel,
c'est-à-dire la capacité de reconstituer mentalement
une image fragmentée. Ce type de raisonnement est à la
base de disciplines comme les mathématiques et l'ingénierie.*

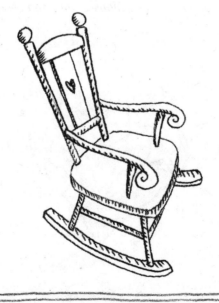

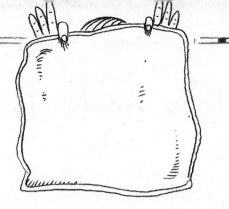

Jeux de coucou

Jouer à faire coucou est non seulement amusant pour un bambin, mais contribue à développer sa capacité cérébrale.

◆ ◆ ◆

Vous pouvez y jouer de différentes façons :
• Couvrez vos yeux avec vos mains.
• Mettez une serviette sur votre visage.
• Dissimulez-vous derrière une porte ou un meuble,
puis surgissez subitement.
• Placez les mains de l'enfant devant ses yeux,
puis enlevez-les.
• Cachez un jouet ou un animal en peluche
sous une couverture, puis retirez-la.
• Dessinez un visage sur votre pouce à l'aide d'un marqueur
et cachez votre pouce sous les autres doigts.

◆ ◆ ◆

Selon les chercheurs

Avec chaque jeu de « coucou », des milliers de connexions cérébrales sont formées ou renforcées, ajoutant des ramifications au réseau complexe qui persistera en grande partie pour le reste de la vie de l'enfant.

Jeux de lecture

•••

Vous pouvez transmettre le goût de la lecture
à votre bambin de différentes façons :
Encouragez-le à jouer avec des livres en tissu, cartonnés
ou tactiles (présentant toutes sortes de textures).

◆

Montrez-lui des images en nommant les différents objets.

◆

Chantez ou récitez les chansons et comptines des livres.

◆

Variez le ton de votre voix, prenez des expressions cocasses
et inventez toutes sortes d'effets rigolos quand
vous lui faites la lecture. Cela renforcera son intérêt
pour les livres et les histoires.

◆

Lisez souvent à votre bambin, mais pour
de courtes périodes chaque fois.

◆ ◆ ◆

Selon les chercheurs

*Lire des histoires à votre enfant stimulera sa croissance
cérébrale tout en l'amenant à associer les livres et ce qu'il
aime plus que tout : votre voix et votre présence.*

Miam-miam!

Aidez votre bambin à acquérir des habiletés langagières.
Quand vous préparez un repas ou une collation, chantez
ce qui suit, sur l'air de Ne pleure pas, Jeannette *:*

◆ ◆ ◆

Ouvrez la porte du réfrigérateur et sortez le lait en disant:
«C'est bon, le lait! Miam-miam!»

◆

Modifiez les paroles de la chanson pour incorporer
d'autres aliments ou ustensiles. Chantez,
sortez l'aliment et décrivez-le.

◆

L'expression d'émotions agréables est favorable
au développement cérébral de votre enfant.

◆

Les jeux de ce type contribuent en outre
à l'acquisition du langage.

◆ ◆ ◆

Selon les chercheurs

Les enfants comprennent le ton et les expressions faciales
bien avant les mots. L'apprentissage émotionnel est
inextricablement lié aux autres domaines d'apprentissage.

Chansons tactiles

*Faites l'essai des chansons «tactiles» quand vous changez
la couche de votre enfant, lorsque vous lui donnez son bain
ou à tout autre moment.*

◆ ◆ ◆

Chantez votre chanson préférée en tapotant le ventre ou
le dos de l'enfant avec votre index pour marquer le rythme.

◆

Terminez la chanson par un câlin et un baiser.

◆

Vous pouvez aussi remplacer certains mots
par des tapotements. Par exemple: «V'là le bon…»
(tapotez au lieu de chanter le mot «vent»)

◆

Ce jeu inculque le sens du rythme au bambin
et renforce sa capacité d'écoute.

◆ ◆ ◆

Selon les chercheurs

*Pour maximiser le développement cérébral d'un jeune enfant,
il faut l'aimer, le toucher, lui parler, lui faire la lecture
et lui permettre d'explorer.*

Hop là!

*Ce jeu amusant permet de consolider le lien d'attachement
entre vous et votre bambin.*

❖ ❖ ❖

Prenez-le sur vos genoux, face à vous.
Tenez-le bien sous les bras.

◆

Dites la comptine suivante en le faisant sauter
sur vos genoux :
Hop là, hop là, hop là !
on saute de haut en bas !
Hop là, hop là, hop là !
Attention, ne tombe pas ! (faites pencher l'enfant de côté)

◆

Répétez la comptine en le faisant pencher de l'autre côté.

◆

Recommencez en ouvrant les genoux et
en inclinant l'enfant vers l'arrière.

❖ ❖ ❖

Selon les chercheurs

*Les interactions positives
avec des adultes stimulent
le cerveau d'un enfant,
entraînant la formation
de synapses et le renforcement
des connexions existantes.*

21

Au lit

• • •

Prenez votre enfant sur vos genoux
et récitez les vers suivants:
Trop tard au lit
restera tout petit
Très tôt au lit
grandira jusqu'ici!

♦

Au mot «petit», posez ses mains sur ses pieds,
et aux mots «jusqu'ici», élevez-les dans les airs.

♦

Vous pouvez aussi réciter cette comptine debout,
en tenant votre bambin dans vos bras. Soulevez-le
dans les airs en disant «jusqu'ici», et descendez-le
jusqu'au sol en disant «petit».

♦ ♦ ♦

Selon les chercheurs

Les enfants qui ont bénéficié de soins aimants,
attentifs et tendres présentent des habiletés sociales
et cognitives supérieures à celles des enfants
qui en ont été dépourvus.

Voix chantante

*Cette charmante activité est excellente
pour l'acquisition du langage.*

◆ ◆ ◆

Au lieu de parler à votre enfant d'une voix normale,
essayez de prendre une voix chantante. Prononcez les sons
des mots en variant la hauteur et le ton. Le célèbre refrain
fredonné par les enfants pour se narguer (*na na na na nère*)
en est un bon exemple. Chantonnez des phrases telles que :
« Allons jouer avec tes cubes » ou « Je vais te chatouiller ! »

◆

Asseyez-vous sur le sol avec votre bambin et
prenez un de ses animaux en peluche sur vos genoux.
Parlez au jouet d'une voix chantante, puis tendez-le
à votre enfant. Il tentera de vous imiter, et jouera
peut-être bientôt seul à ce jeu.

◆ ◆ ◆

Selon les chercheurs

*Parler à un jeune enfant accroît le nombre de mots
qu'il reconnaîtra et finira par comprendre. On peut renforcer
cet apprentissage en adoptant occasionnellement
un ton chantant.*

23

Petit pouce

Ce jeu développe la motricité fine.

◆ ◆ ◆

Répétez les paroles et gestes suivants :
Petit pouce (montrer le pouce)
cache-toi (le replier en fermant le poing)
ou celui-là (montrer l'autre pouce)
te mangera ! (la deuxième main se jette sur la première)

◆

Recommencez en encourageant votre bambin à vous imiter.

◆ ◆ ◆

Selon les chercheurs

*Les activités qui font appel aux petits muscles des mains
et des doigts stimulent la croissance cérébrale et exercent
un effet positif sur les zones motrices du cerveau.*

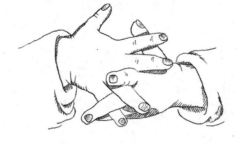

De 12 à 15 mois

Les bruits

*Les bambins peuvent être effrayés par certains sons.
En aidant votre enfant à prendre conscience des bruits,
vous le rassurerez et lui ferez comprendre qu'il n'y a pas
lieu de s'inquiéter.*

◆ ◆ ◆

Faites-lui écouter un réveil et essayez d'imiter son tic-tac.

◆

Promenez-vous d'une pièce à l'autre, à l'affût
des différentes sources de bruits : un climatiseur,
un appareil à glaçons, une radio, etc.

◆

Vous pouvez aussi produire vous-même des sons en ouvrant
et en refermant une porte, une fenêtre ou un tiroir.

◆ ◆ ◆

Selon les chercheurs

*L'équilibre affectif est grandement influencé
par la façon dont le cerveau se développe
durant les deux premières années de vie.*

Les noms

*Ce jeu est excellent pour améliorer
la faculté de raisonnement.*

◆ ◆ ◆

De
15
à
18
mois

Lorsque les bambins apprennent à parler, ils se plaisent
à répéter leur propre nom. Ils appellent parfois les autres
de ce nom, car ils n'ont pas appris que le nom
et la personne ne font qu'un.

◆

Pour aider votre enfant à comprendre que les gens et
les choses sont désignés par des mots distincts, touchez
des objets en les nommant. Par exemple, prenez la main
de l'enfant et placez-la sur la table en prononçant
le mot « table ». Touchez de nouveau la table en disant :
« (nom de l'enfant) touche la table. »

◆

Refaites le jeu avec d'autres objets, des parties du corps
de l'enfant ou des personnes de son entourage.

◆ ◆ ◆

Selon les chercheurs

*Les études ont démontré que les expériences sensorielles
et les interactions sociales positives avec des adultes
favorisent la capacité de réflexion.*

Cubes improvisés

•••

Fabriquez des cubes avec des cartons de lait.

◆

Rabattez et collez les extrémités, puis recouvrez
les cartons de papier adhésif. Proposez à votre bambin
de décorer les cubes avec des crayons de couleur ou
des autocollants. Jouez à empiler les cubes avec lui.
Félicitez-le chaque fois qu'il pose un cube sur un autre.

◆

Il arrive parfois que les tout-petits s'amusent davantage à
renverser les piles !

◆

L'avantage de ces cubes est qu'on peut les jeter
lorsqu'ils sont usés.

◆

Le fait de décorer et empiler ces cubes permet de
développer la motricité fine.

◆◆◆

Selon les chercheurs

*Bien qu'elles se fondent sur les mêmes bases physiques,
les habiletés motrices fines et globales se développent
indépendamment les unes des autres. Si, au cours d'une
semaine, un enfant fournit beaucoup d'efforts en termes
de motricité globale, il ne perfectionnera pas sa motricité
fine durant la même période.*

De
15
à
18
mois

Tadam!

*En encourageant votre bambin à vous imiter
à diverses occasions, vous l'aiderez à accroître son sens
de l'observation et sa capacité d'écoute.*

♦ ♦ ♦

De
15
à
18
mois

S'il marche à quatre pattes, déplacez-vous à quatre pattes
dans la pièce en faisant toutes sortes d'actions cocasses.
S'il marche, faites ces gestes en marchant ou en
combinant la marche et le déplacement à quatre pattes.

♦

Décrivez vos actions en disant, par exemple:
«Je tourne lentement autour de la chaise.»

♦

Voici d'autres suggestions:

• Avancez jusqu'au mur, puis exclamez-vous: «Tadam!»
• Allez jusqu'à la porte et comptez jusqu'à trois.
• Décrivez un cercle, puis asseyez-vous en disant:
«Badaboum!»

♦ ♦ ♦

Selon les chercheurs

*Le cerveau d'un bébé se développe en fonction de ses
interactions avec son entourage et se transforme en organe
rationnel et affectif à partir de ses expériences.*

Chansonnettes

*Amusez-vous à chanter avec votre bambin à tout moment
de la journée : dans la voiture, en faisant la queue
au supermarché, dans la salle d'attente du médecin, etc.
Toutes les occasions sont bonnes pour chanter.*

◆ ◆ ◆

Développez les aptitudes musicales et la sensibilité
de votre tout-petit en lui chantant toutes sortes
de chansons. Ne vous inquiétez pas si vous faussez
ou si vous modifiez les paroles. L'important est de prendre
plaisir à chanter. Voici quelques suggestions, mais n'importe
quelle chanson qui vous plaît fera l'affaire : *Si tu aimes le
soleil, Trois petits minous, Alouette, Pirouette, cacahuète,
J'ai perdu le do, Cent crocodiles* ou *Lundi matin.*

◆ ◆ ◆

Selon les chercheurs

*Plus un enfant est exposé tôt à la musique et aux chansons,
plus il aura de facilité à apprendre la musique
et à en tirer plaisir.*

29

Les livres

Ce jeu permet à l'enfant d'acquérir des habiletés de prélecture et lui inculque l'amour des livres.

◆ ◆ ◆

De 15 à 18 mois

Faire la lecture à de jeunes enfants est parfois frustrant. Il est important de comprendre qu'ils ne peuvent pas demeurer immobiles pour des périodes excédant deux à quatre minutes.

◆

Les bambins s'intéressent aux livres qui présentent des images d'enfants accomplissant des gestes familiers, comme manger, courir et dormir.
Les histoires qui parlent de salutations (comme bonjour et au revoir) sont très appréciées des tout-petits.

◆

Les livres d'enfants doivent comporter des rimes simples et un texte prévisible.

◆

Pour susciter l'intérêt de votre bambin, remplacez le nom d'un personnage par le sien.

◆ ◆ ◆

Selon les chercheurs

Faire la lecture aux enfants éveille leur imagination et accroît leur perception du monde qui les entoure. Cette activité favorise en outre l'acquisition du langage et prépare à l'apprentissage du langage écrit.

Dur/mou

*Ce jeu développe la perception tactile
et les habiletés langagières.*

◆ ◆ ◆

Réunissez divers objets de textures différentes
pour les faire toucher à votre enfant. Choisissez
par exemple un objet dur comme un cube de bois
et un objet mou comme un animal en peluche.

◆

Placez la main de l'enfant sur l'objet. Nommez-le et
décrivez-le : « Le cube est dur. » Placez ensuite sa main sur
un autre objet dur en disant : « La table est dure. »

◆

Recommencez à quelques reprises avant de passer
à un autre objet de texture différente, comme un coussin
ou un tapis.

◆

Lorsque vous prononcez le mot « dur », adoptez un ton sec.
Quand vous dites le mot « mou », prenez une inflexion
plus tendre.

◆ ◆ ◆

Selon les chercheurs

*Les enfants à qui l'on parle et chante beaucoup
s'expriment généralement avec aisance à l'âge de trois ans.
Les enfants privés de telles expériences auront du mal
à maîtriser le langage à l'âge adulte, peu importe
leur intelligence et leur formation.*

De
15
à
18
mois

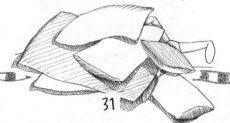

31

Gros câlin

Câliner votre petit est une excellente façon d'accroître sa capacité cérébrale. Dans les situations dangereuses, les câlins sont encore plus importants.

◆ ◆ ◆

De
15
à
18
mois

Si votre enfant s'aventure dans un endroit où il ne doit pas aller, prenez-le dans vos bras et étreignez-le en lui expliquant: «Tu ne peux pas y aller parce que c'est dangereux.»

◆

Il comprendra au ton de votre voix qu'il ne doit pas recommencer. Il comprendra également, par votre étreinte réconfortante, que vous l'aimez et voulez le protéger. Cette attitude lui inspirera un sentiment de confiance.

◆ ◆ ◆

Selon les chercheurs

Les jeunes enfants vivent un grand amour avec leurs parents. Les psychologues qualifient ce lien d'attachement. D'abord postulée par le psychiatre anglais John Bowlby dans les années 1950, la théorie de l'attachement demeure l'une des plus durables de ce siècle en matière de développement humain.

Le coucher

Il est important d'établir une routine du coucher
pour votre bambin. Cela lui procurera un sentiment
de confiance et de stabilité.

◆ ◆ ◆

Une bonne façon d'apaiser les tout-petits qui ont couru
et sauté toute la journée est de leur frotter le dos
en chantonnant.

◆

Chantez ce qui suit ou une berceuse de votre choix :
Dodo, l'enfant do,
l'enfant (ou nom de l'enfant) *dormira bien vite*
dodo, l'enfant do,
l'enfant (ou nom de l'enfant) *dormira bientôt.*

◆

Vous pouvez aussi chanter, sur l'air de *Frère Jacques* :
Bonne nuit, bébé (ou nom de l'enfant) (bis)
mon trésor, mon trésor (bis)
fais de jolis rêves (bis)
je t'adore ! (bis)

◆ ◆ ◆

Selon les chercheurs

Les bébés et leurs parents sont biologiquement
conçus pour former un lien d'attachement.
Ce lien s'intensifiera peu à peu au cours de la première
année grâce aux gazouillements, regards et sourires.

Jouets parlants

*Voici une façon amusante de développer
les habiletés langagières.*

De
15
à
18
mois

◆ ◆ ◆

Prenez un animal en peluche, tel qu'un ourson,
et approchez-le de votre oreille comme si vous l'écoutiez
vous parler. Répétez à votre enfant ce que l'ourson
vous a dit : « Joue avec moi. »

◆

Utilisez une voix haut perchée pour répéter ces mots.

◆

Donnez l'ourson à l'enfant et demandez-lui
ce que l'ourson lui dit.

◆

Poursuivez le jeu en lui demandant ce que différents jouets
ou objets disent. Par exemple, un coussin peut dire
le mot « doux ».

◆

Prenez toujours un ton aigu pour parler à la place de l'objet.

◆ ◆ ◆

Selon les chercheurs

*Parlez lentement et en énonçant clairement, pour que
votre enfant puisse bien distinguer les mots. La répétition
et l'accentuation sont également des procédés utiles.*

Le lapin

• • •

Asseyez votre enfant sur vos genoux.

•

Prenez sa main dans les vôtres et montrez-lui comment
fermer le poing.

•

Dites les paroles suivantes en tapant doucement sur son
poing avec votre index :
Le lapin veut aller dans le jardin
Le lapin veut aller dans le jardin
ouvre la barrière et laisse-le entrer !
(montrez-lui comment ouvrir sa main)

•

Quand son poing est ouvert, chatouillez la paume
de sa main et embrassez ses doigts.

•

Reprenez le jeu à quelques reprises, et bientôt, il ouvrira lui-
même la main en entendant les mots « ouvre la barrière ».

• • •

Selon les chercheurs

Les liens affectifs solides ont une fonction protectrice,
puisqu'ils influencent les systèmes biologiques
qui permettent à l'enfant de s'adapter aux pressions
de la vie quotidienne.

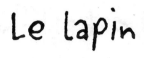

De
15
à
18
mois

35

Le ballon

*Votre bambin a atteint l'âge où il peut s'amuser
à faire rouler des balles et des ballons. Vous pouvez améliorer
ses habiletés motrices en faisant rouler un ballon
dans sa direction et en l'encourageant à vous le retourner.*

◆ ◆ ◆

Asseyez-vous par terre avec lui. Dites son nom pour attirer
son attention, puis faites rouler le ballon vers lui.

◆

En même temps, dites d'une voix chantante :
«J'envoie le ballon à (nom de l'enfant).»

◆

Quand il vous retourne le ballon, dites :
«(nom de l'enfant) envoie le ballon à papa (ou maman).»

◆

N'utilisez une voix chantante que lorsque le ballon roule.

◆ ◆ ◆

Selon les chercheurs

*La répétition de mouvements renforce les circuits neuronaux
entre les aires cérébrales associées à la pensée, l'aire motrice
et les nerfs reliés à la musculature.*

Cot, cot, cot!

*Voici un jeu de doigts qui développe la motricité fine
et est aussi divertissant pour l'enfant que pour vous.*

◆ ◆ ◆

Asseyez votre bambin sur vos genoux et faites bouger
ses doigts pour mimer la comptine suivante :
Cot, cot, cot!
Bonjour, madame la poule!
Combien de poussins vous avez?
J'en ai dix! (levez les deux mains de l'enfant)
Quatre qui sont jaunes (repliez quatre doigts d'une main,
en gardant le pouce levé)
Quatre qui sont bruns (faites de même avec son autre main)
Et deux qui sont tachetés (touchez ses deux pouces)
Ce sont mes préférés! (donnez un baiser sur chaque pouce)

◆ ◆ ◆

Selon les chercheurs

*Les activités qui font appel aux petits muscles des mains,
tels les jeux de doigts, stimulent la croissance cérébrale et
exercent un effet positif sur les zones motrices du cerveau.*

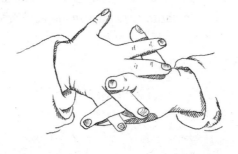

Vroum, vroum!

• • •

Proposez à votre enfant de trouver des sons
pour chacun des jouets avec lesquels il aime s'amuser.
Par exemple:
- Trains: tchou, tchou
- Voitures et camions: vroum, pouêt, pin-pon, etc.
- Peluches et poupées: voix fictives
- Cubes: sons de plus en plus aigus selon la hauteur des cubes

◆ ◆ ◆

Selon les chercheurs

*L'exposition à de multiples sons et pièces musicales
au cours de la petite enfance stimule et développe
la capacité d'écoute d'un enfant.*

Promenade au parc

Cette activité contribue à l'acquisition du langage chez les tout-petits.

◆

Les bambins ont beaucoup d'affection pour leurs animaux en peluche. On les entend souvent converser avec eux.

◆

Proposez à votre enfant de faire semblant d'aller en promenade au parc avec ses peluches.

◆

Posez-lui des questions qui l'encourageront à parler. Par exemple: «Qu'est-ce que ton ourson va porter, aujourd'hui? Est-ce qu'il fait froid dehors? S'il n'a pas de chaussures, qu'arrivera-t-il à ses pattes?» Vous pourriez aussi lui demander: «Quelle collation veux-tu apporter au parc? Qu'est-ce que ton singe a envie de manger?»

◆

Réagissez toujours à ses réponses. Cela l'encouragera à parler davantage.

◆

Les habiletés langagières entreront aussi en jeu lorsque l'enfant sera plus grand et apprendra à lire.

◆ ◆ ◆

Selon les chercheurs

Pour favoriser le développement cérébral d'un enfant, il faut lui procurer un cadre enrichissant et stimulant sur les plans affectif et intellectuel.

De
15
à
18
mois

39

Kaliméra

*Votre enfant est à un âge idéal pour être exposé
aux sons d'autres langues.*

◆ ◆ ◆

Si vous êtes bilingue, parlez-lui dans ces deux langues.
Si vous parlez seulement français, essayez de lui dire
bonjour dans différentes langues :
Holà – espagnol
Ciao – italien
Konnichiwa – japonais
Jambo – africain
Shalom – hébreu
Kaliméra – grec

◆

Écoutez des chansons dans une autre langue.
Vous serez surpris de la vitesse à laquelle votre enfant
les apprendra. Même s'il ne dit pas les mots, son cerveau
envoie tous les signaux nécessaires à la reconnaissance
des sons de cette langue.

◆

Lisez-lui des histoires qui font intervenir des mots
d'autres langues que sa langue maternelle.

◆ ◆ ◆

Selon les chercheurs

*Lorsqu'un enfant entend les sons d'une langue,
il établit des connexions neuronales qui lui permettent
de se construire un vocabulaire.*

Petit pied

•••

Asseyez-vous par terre et prenez votre bambin
sur vos genoux.

•

Soulevez un de ses pieds en disant les mots qui suivent :
Petit pied en bas, en haut
petit pied de chaque côté
petit pied a un bécot (embrassez son pied)
petit pied se fait chatouiller ! (chatouillez-le)

•

Reprenez le poème tant et aussi longtemps que l'enfant
voudra bien rester immobile. Adaptez-le à différentes parties
de son corps :
Petite main...
Petit doigt...
Petit bras...

•••

Selon les chercheurs

*Les adultes peuvent encourager le naturel enjoué d'un enfant
en lui souriant et en lui parlant d'un ton animé
et enthousiaste. La perception qu'un enfant a de lui-même
et du monde découle de sa relation avec l'adulte
qui en prend soin le plus souvent.*

De
15
à
18
mois

41

Meuh!

*Les bambins aiment apprendre les cris des animaux.
Cette activité est également bénéfique à l'apprentissage du
langage. Les jeunes enfants ont besoin de prononcer le plus
de sons possible. Plus ils parlent, plus ils ont envie de parler.*

◆ ◆ ◆

De
15
à
18
mois

Feuilletez des livres sur les animaux avec votre enfant.
Montrez-lui des illustrations et parlez-lui des sons
que font les animaux. Imitez un cri d'animal
que votre enfant connaît et demandez-lui
de vous montrer l'image de l'animal qui fait ce bruit.

◆

Ajoutez des bruits à votre répertoire : le moteur d'une
voiture, la sirène des pompiers, un chant d'oiseau, etc.

◆

Aidez votre bambin à prendre conscience
des sons qui l'entourent.

◆ ◆ ◆

Selon les chercheurs

*Le cerveau a des capacités infinies de stockage
d'information. Chaque fois qu'il traite de nouvelles données,
des processus physiques et chimiques prennent place pour
créer des réseaux de connexions.*

Hi! Han!

Je me regarde

...

Placez-vous devant un miroir avec votre enfant afin qu'il puisse voir son visage prendre toutes sortes d'expressions.

◆

Pendant qu'il s'observe, proposez-lui de :
sourire, sortir la langue, ouvrir et fermer la bouche, montrer les dents.

◆

Donnez-lui quelque chose à manger pour qu'il puisse se regarder en train de mâcher (la bouche fermée, bien sûr !).

◆

Ce jeu l'aidera à devenir plus conscient de lui-même et de ses capacités.

De
18
à
21
mois

... ◆ ...

Selon les chercheurs

Les expériences sensorielles et les interactions sociales positives avec des adultes développent les habiletés cognitives des enfants.

Le chat et la souris

• • •

Dites à votre enfant que vous êtes une minuscule souris
et qu'il est un gros chat qui chasse la souris.

◆

Expliquez-lui que la souris fait « iiiii ! » et que le chat
fait « miaou ».

◆

Mettez-vous à quatre pattes et dites :
« Tu ne peux pas m'attraper ! » Sauvez-vous
en encourageant votre bambin à vous poursuivre.

◆

Rampez derrière les meubles, sous les tables,
dans une autre pièce.

◆

Une fois que votre enfant comprendra le jeu,
changez de rôle.

◆

Cette activité est excellente pour le développement
des grands muscles moteurs.

◆ ◆ ◆

Selon les chercheurs

*L'exercice physique crée et renforce les liens neuronaux
nécessaires au futur rendement scolaire.*

De
18
à
21
mois

En haut/en bas

• • •

Asseyez-vous par terre avec votre enfant.

◆

Prenez trois ou quatre cubes et empilez-les
pour former une tour.

◆

Placez un petit jouet au sommet de la tour en disant:
« Le (nom du jouet) est en haut. »

◆

Faites tomber le jouet de la tour et dites:
« Le (nom du jouet) est en bas. »

◆

Recommencez en laissant l'enfant déplacer le jouet
en haut et en bas de la tour.

◆ ◆ ◆

Selon les chercheurs

*L'enseignement des concepts spatiaux renforce des
connexions qui accroissent la capacité cérébrale.*

De
18
à
21
mois

Voix multiples

Parler et chanter en empruntant des voix différentes est une bonne façon de stimuler le développement du langage.

◆ ◆ ◆

Choisissez une chanson simple que vous connaissez bien.

◆

Chantez-la d'abord d'une voix normale.

◆

Entonnez-la ensuite en modifiant votre voix. Encouragez votre enfant à vous imiter. Essayez différentes voix : aiguë, basse, douce, nasale (pincez-vous le nez)

◆

Ce type de jeu aidera votre bambin à distinguer les modes d'élocution.

◆ ◆ ◆

Selon les chercheurs

Les expériences vécues dans la petite enfance exercent une influence considérable sur les ramifications complexes des circuits neuronaux.

De
18
à
21
mois

46

L'ami imaginaire

...

Prenez un gobelet de carton et découpez
un petit cercle sur le côté.

◆

Cet orifice doit être assez grand pour que vous puissiez
y glisser un doigt, qui deviendra le nez de la marionnette.

◆

Dessinez des yeux et un sourire.

◆

Faites parler la marionnette.

◆

Faites-lui dire des choses gentilles à votre enfant, telles
que : « Bonjour, mon ami ! » ou « Tu as un beau sourire. »

◆

Posez-lui des questions auxquelles il peut répondre,
puis accueillez ses réponses avec enthousiasme.

◆◆◆

Selon les chercheurs

*Le cerveau d'un jeune enfant se développe à un rythme
phénoménal, offrant des possibilités d'apprentissage
qui ne se représenteront plus au cours de sa vie.*

De
18
à
21
mois

Mille mots

• • •

Prenez un magazine et découpez des photographies
de choses que votre enfant connaît, comme des animaux,
des bébés, des aliments.

◆

Regardez les photos avec lui en les décrivant.
Par exemple, désignez une vache en disant :
« La vache est à la ferme. Elle fait meuh ! »

◆

Demandez ensuite à votre bambin ce que dit la vache.
S'il ne répond pas, répétez la phrase.

◆

Montrez-lui un bébé en disant :
« Le bébé est dans le berceau. Il dit ouin, ouin. »
Puis demandez-lui ce que dit le bébé.

◆

Discutez d'une photo que votre enfant a déjà vue,
puis passez à une nouvelle photo.

◆

Laissez-le choisir une des photos. Demandez-lui de vous la
décrire ou de s'en inspirer pour raconter une petite histoire.

◆ ◆ ◆

Selon les chercheurs

*Les enfants apprennent un langage à force de réentendre
sans cesse des mots. C'est pourquoi il est préférable
de leur parler très tôt.*

De
18
à
21
mois

Langue au chat

•••

Renforcez la capacité d'écoute de votre enfant
en lui récitant ce poème:

Qui est mon petit bout de chou?
Qui est mon petit minou?
Donnes-tu ta langue au chat?
Je vais tourner, tourner (tournez sur vous-même)
Voilà, c'est... toi! (montrez l'enfant du doigt)

◆

Demandez à votre bambin de tourner
pendant que vous dites le poème.

◆

Répétez le poème en changeant l'action.
Au lieu de tourner, vous pouvez sautiller, taper des mains,
voler comme un oiseau, etc.

◆

Ce jeu renforce la capacité d'écoute, car l'enfant doit être
attentif pour savoir quel geste exécuter.

◆ ◆ ◆

Selon les chercheurs

Les jeunes enfants qui ont bénéficié de soins aimants
et attentifs ont souvent un quotient intellectuel plus élevé
et s'adaptent plus facilement à l'école.

De
18
à
21
mois

49

Tout doux

En parlant à votre enfant, vous contribuez
à son apprentissage du langage.

◆ ◆ ◆

Choisissez des sujets qui l'intéressent, comme ses jouets,
ses grands-parents, des animaux familiers.

◆

Utilisez des termes descriptifs. Par exemple, dites:
«J'aime ton petit lapin. Il est tout doux.»
Caressez le lapin en disant ces mots.

◆

Donnez le lapin à l'enfant. Répétez les mêmes mots
en l'encourageant à flatter le lapin.

◆

Le mot doux peut s'appliquer
à d'autres animaux en peluche. Bientôt, ce mot fera partie
du vocabulaire de votre bambin.

◆ ◆ ◆

Selon les chercheurs

Les expériences vécues durant la petite enfance
sont déterminantes. Une activité
équivalente et de durée similaire
n'aura pas autant d'influence sur le cerveau
d'un enfant de dix ans que celui
d'un bambin d'un ou deux ans.

De
18
à
21
mois

Jeux musicaux

Les poupées et les animaux en peluche sont très précieux aux yeux des bambins. Le fait de chanter avec un animal en peluche est excellent pour l'acquisition du langage.

◆ ◆ ◆

Prenez une poupée ou une peluche sur vos genoux. Chantez en faisant bouger le jouet pour accompagner la chanson. Voici des suggestions de chansons et de gestes d'accompagnement : *Ainsi font, font, font* (faites décrire trois petits tours au jouet, puis cachez-le)
Pirouette, cacahuète (faites culbuter le jouet au mot pirouette et faites-lui mimer les autres actions)
Mon merle (désignez les parties du corps de la poupée ou de l'animal : bec, œil, ventre, etc.)

◆

Donnez le jouet à votre bambin pour qu'il le fasse bouger au rythme de la chanson.

◆ ◆ ◆

Selon les chercheurs

Les jeux musicaux associent souvent des mouvements rythmés à des paroles scandées ou chantées. Comme les cellules nerveuses associées à ces activités contrôlent également les impulsions motrices, ce type d'activité accroît la capacité de l'enfant de maîtriser ses mouvements.

De
18
à
21
mois

Lève les mains

• • •

Pour perfectionner les habiletés motrices de votre bambin,
chantez ce qui suit, sur l'air du refrain de
La mère Michel (sur l'air du tralalala...) :
Lève tes deux mains dans les airs (bis)
lève tes deux mains jusqu'au plafond
tralala !
Lève tes deux pieds pour marcher (bis)
lève tes deux pieds pour avancer
tralala !
Balance tes bras comme ceci (bis)
Balance tes bras comme ci comme ça
tralala !

◆

Poursuivez en ajoutant des mouvements de votre cru.

• ◆ •

De
18
à
21
mois

Selon les chercheurs

Après la période de la petite enfance,
le cerveau ne maîtrisera plus jamais
un si grand nombre d'activités
avec une telle aisance.
Et à aucun autre moment
de la vie les expériences
ne seront aussi déterminantes.

Musique classique

*Écouter de la musique classique avec votre bambin
est une merveilleuse activité.*

◆ ◆ ◆

Dansez au son de la musique et encouragez
votre enfant à vous imiter.

◆

La pièce *Le vol du bourdon*, de Rimsky-Korsakov,
est un très bon choix. Elle est rapide et permet d'imiter
le vol d'une abeille. Les pièces musicales lentes et douces
sont tout indiquées pour le moment de la sieste.

◆

Voici d'autres suggestions :
Le Beau Danube bleu, de Strauss (vous ne pourrez pas
vous empêcher de danser !) ; *Le Carnaval des animaux*,
de Saint-Saëns (les instruments imitent les animaux) ;
l'ouverture de *Guillaume Tell*, de Rossini (un air connu
et entraînant) ; *Casse-Noisette*, de Tchaïkovski (idéal pour
mimer des mouvements) ; *Clair de lune*, de Debussy
(un chef-d'œuvre de douceur et de tendresse)

◆ ◆ ◆

Selon les chercheurs

*L'écoute de la musique classique renforce les connexions
associées à la compréhension des concepts mathématiques.
Elle permet également de stimuler les fonctions cérébrales
utilisées pour le raisonnement complexe.*

De
18
à
21
mois

Flop !

•••

Développez les compétences linguistiques de votre bambin
en répétant les paroles et les actions suivantes :
Un lapin, hop, hop !
qui saute et galope (sautez comme un lapin)
quand il est fatigué (bâillez)
il stoppe et fait flop ! (laissez-vous tomber sur le sol)

◆

Demandez ensuite à votre enfant pourquoi
le lapin est fatigué.

◆

Parlez des endroits où le lapin a pu se promener : dans
le jardin, sur le trottoir, derrière un buisson, etc.

◆

Une fois que votre bambin aura intégré ce nouveau
vocabulaire, il inventera ses propres poèmes.

◆ ◆ ◆

Selon les chercheurs

*Le vocabulaire d'un individu est en grande partie déterminé
par les mots qu'il a entendus au cours des trois premières
années de sa vie.*

De
18
à
21
mois

Ouah, ouah!

*Les bambins adorent imiter les cris des animaux. Ce jeu
les aidera à associer différents sons et animaux.*

◆ ◆ ◆

Commencez par deux ou trois animaux.

◆

Dites ce qui suit:
Que dit le chien?
Ouah, ouah!
Que dit le chat?
Miaou, miaou!
Que dit le poisson?
(ouvrez et refermez la bouche)

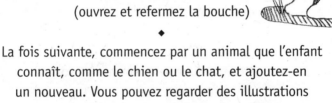

◆

La fois suivante, commencez par un animal que l'enfant
connaît, comme le chien ou le chat, et ajoutez-en
un nouveau. Vous pouvez regarder des illustrations
de cet animal avant de dire la comptine.

◆

Terminez toujours par le poisson. Une conclusion familière
donne un sentiment de sécurité à l'enfant.

De
18
à
21
mois

◆ ◆ ◆

Selon les chercheurs

*Le fait d'écouter les enfants, de les regarder
et de nommer les expériences qu'ils vivent
démontre notre intérêt et leur fait sentir
que leurs pensées et leurs paroles sont importantes.*

Le chant des oiseaux

•••

Emmenez votre bambin dehors. Faites-lui
écouter les merveilleux sons de l'extérieur.

◆

Commencez par écouter le chant des oiseaux. Quand vous
entendez un pépiement d'oiseau, essayez de l'imiter.
Dites à l'enfant que vous faites cui-cui comme l'oiseau.

◆

Il finira par distinguer ce son et tentera peut-être
de le reproduire.

◆

Ajoutez de nouveaux sons, comme le vent qui souffle
ou les stridulations des criquets.

◆

Soyez à l'affût des sources de bruits
dans votre environnement, comme les voitures,
les motocyclettes, les trains, etc.

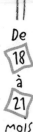

De
18
à
21
mois

◆ ◆ ◆

Selon les chercheurs

*En exposant votre enfant à de multiples stimulations
sensorielles (couleurs, musique, mots, sons de la nature, bruits
mécaniques, contacts physiques, goûts, odeurs), vous
assurerez une plus grande plasticité synaptique de son cerveau
à l'âge adulte, et donc une capacité d'apprentissage accrue.*

56

Où suis-je?

• • •

Choisissez un animal en peluche
qu'affectionne particulièrement votre bambin.
Cachez-le pendant que l'enfant vous observe.

•

Répétez:
Où est ton ourson (lapin, canard)?
Où est-il caché? Peux-tu le trouver?

•

Dirigez-vous vers l'endroit où se trouve la peluche
et sortez-la en vous écriant: «Hourra! Il est ici!»

•

Poursuivez le jeu en cachant d'autres jouets. Répétez
toujours les questions avant de révéler la cachette.

•

Proposez à votre bambin de cacher lui-même un de ses
jouets. Dites la comptine et demandez-lui d'aller le chercher.

•

Ce jeu est très apprécié des tout-petits.

• ◆ •

Selon les chercheurs

Dès la naissance d'un enfant, chacune de ses expériences
entraîne des connexions neuronales qui influenceront
son développement.

De

18
à
21
mois

Me voilà!

•••

Fabriquez une marionnette-surprise avec votre bambin. Percez d'abord un petit trou à la base d'un gobelet de carton. Insérez une paille dans l'orifice.

•

Fixez un cercle de carton à une extrémité de la paille. Dessinez un visage sur ce cercle.

•

Montrez à votre enfant comment tirer sur la paille pour faire disparaître le visage dans le gobelet, et comment pousser pour le faire réapparaître.

•

Dites la comptine suivante :
Je ne suis pas là
tu ne me vois pas !
un, deux, trois...
me voilà !

•

Au mot «voilà», faites surgir le visage en poussant sur la paille.

♦ ♦ ♦

De
18
à
21
mois

coucou !

Selon les chercheurs

Les études confirment que les interactions
et les expériences vécues au cours de la petite enfance
auront une influence déterminante sur le développement
affectif, les capacités d'apprentissage et les facultés
d'adaptation d'un individu.

Jeux gourmands

En prenant part à de simples préparations culinaires,
les bambins peuvent apprendre une foule de choses.
Faire la cuisine avec de jeunes enfants peut être très
instructif, tout en étant extrêmement divertissant.

◆ ◆ ◆

Les tout-petits peuvent s'amuser à découvrir
différentes textures, à sentir les aliments, à comparer
les formes, les couleurs, les dimensions, etc.

◆

Voici une activité très simple à faire avec des aliments :
coupez une banane en tranches
piquez un cure-dent dans chaque morceau
trempez les tranches de banane dans du jus d'orange
plongez-les dans de la noix de coco râpée
dégustez !

◆ ◆ ◆

Selon les chercheurs

Les liens affectifs tendres et chaleureux aident les bébés
à renforcer les systèmes biologiques qui leur permettent
de contrôler leurs émotions.

De
18
à
21
mois

Tape la galette

• • •

Chantez ce qui suit lentement, sur l'air de
Je te tiens par la barbichette :
Tape des mains, tape des mains, tape la galette
lentement, lentement, on fait des claquettes !

◆

Puis chantez plus vite :
Tape des mains, tape des mains, tape la galette
rapidement, rapidement, on fait des claquettes !

◆

Vous pouvez modifier les paroles pour inclure différentes
actions. Commencez toujours lentement, puis accélérez
le rythme. Le fait d'exécuter des gestes lentement
et rapidement facilite l'intégration des concepts.

◆ ◆ ◆

Selon les chercheurs

Avant de pouvoir comprendre le langage, le cerveau d'un
enfant peut décoder la musique. L'exposition précoce à la
musique favorise la capacité de raisonnement spatio-temporel
et la compréhension des concepts mathématiques.

De
21
à
24
mois

Au galop

•••

Prenez votre enfant dans vos bras,
le dos contre votre poitrine.

♦

Tenez-le par la taille et promenez-vous dans la pièce en
répétant les paroles et les gestes qui suivent:
Au pas, au pas, au pas (marchez en le faisant tressauter
au rythme de vos pas)
Au trot, au trot, au trot (accélérez)
Au galop, au galop, au galop
(courez en le tenant fermement)
Un bisou, un bisou dans le cou!
(soulevez-le et embrassez-le dans le cou)

♦

Ce type de jeu est non seulement distrayant,
mais permet de renforcer le sentiment de sécurité
de l'enfant et votre lien d'attachement.

••••

Selon les chercheurs

*La tomographie à positons a permis de constater
une activité accrue dans le lobe frontal, qui gère
les émotions, entre l'âge de six mois et deux ans.*

De
21
à
24
mois

Du coin de l'œil

• • •

Disposez des jouets à chaque extrémité de la pièce.

•

Asseyez-vous sur le sol avec votre bambin.

•

Montrez-lui comment lever son menton dans les airs
et tourner la tête d'un côté, puis de l'autre.

•

Demandez-lui de regarder un des jouets en tournant sa tête
dans les deux directions.

•

Refaites cet exercice en lui demandant
de regarder le plafond, le plancher, etc.

• ◆ •

Selon les chercheurs

*Le potentiel d'un individu se détermine
dans sa petite enfance, des premières heures de sa vie
jusqu'à l'âge de trois ans. C'est au cours de ces années
que se dessine l'avenir d'un enfant.*

De
21
à
24
mois

faire semblant

• • •

Réunissez plusieurs objets que votre enfant
utilise régulièrement, comme une brosse à dents,
une cuillère et un gobelet. Déposez-les sur un linge propre
sur le sol. Asseyez-vous devant ces objets. Prenez la brosse
à dents et faites semblant de vous brosser les dents.

◆

Prenez un autre objet et faites mine de vous en servir.
Demandez à votre bambin de prendre un objet
et de vous montrer comment il l'utilise.

◆

Ce jeu est excellent pour développer la capacité de
raisonnement de l'enfant. Il l'encourage en outre à imaginer
différentes utilisations pour un même objet, comme boire
avec un gobelet, s'en servir pour verser un liquide, etc.

• • •

Selon les chercheurs

*Les études menées sur le cerveau confirment
ce que les éducateurs affirment depuis longtemps :
les expériences sociales et affectives des premières années
sont la source de l'intelligence humaine. Dans le cerveau
de chaque enfant, les circuits neuronaux créent un chemin
où pourront circuler de futures informations.*

De
21
à
24
mois

Mon trésor

• • •

Pour renforcer le sentiment de sécurité de votre enfant,
dites-lui le poème suivant:

Oh là là !

Qui est là ?

Ça alors !

C'est mon trésor !

c'est mon petit/ma petite (nom de l'enfant) en or !

•

Prenez-le dans vos bras et faites-lui un gros câlin.

•

Redites-lui le poème, puis levez-le dans les airs
et redescendez-le pour lui donner un baiser.

•

Bercez-le en tournant lentement sur vous-même.
Votre tout-petit sera ravi !

• ◆ •

Selon les chercheurs

*Les enfants qui bénéficient de soins tendres et aimants
se sentent plus en sécurité et sont davantage
en mesure d'établir des liens affectifs.*

De
21
à
24
mois

Les déguisements

*Jouer à se costumer est une activité dont raffolent
les bambins. En discutant avec votre enfant des possibilités
de déguisements, vous l'aiderez à acquérir du vocabulaire
et à développer ses compétences linguistiques.*

◆ ◆ ◆

Rassemblez toutes sortes de vêtements et accessoires
(chapeaux, foulards, chaussures, gants, etc.).

◆

Mettez un des chapeaux et dites:
«Comment allez-vous, monsieur (madame)?»
Enfilez un gant et exclamez-vous:
«Oh, comme c'est chaud!»

◆

Encouragez l'enfant à choisir un vêtement. Aidez-le
en identifiant les choses dont il ne connaît pas le nom.
Bientôt, vous converserez tous les deux
et les mots lui viendront aisément.

◆ ◆ ◆

Selon les chercheurs

*L'étendue du vocabulaire d'un enfant de deux ans
est directement liée au nombre de fois où un adulte
lui a adressé la parole. À vingt mois, les enfants de mères
volubiles connaissent en moyenne 131 mots de plus
que les enfants de mères moins loquaces.
À deux ans, cet écart fait plus que doubler,
atteignant 295 mots supplémentaires.*

De
21
à
24
mois

Conversations

...

Asseyez-vous par terre avec votre bambin. Prenez une poupée ou un animal en peluche qu'il aime bien.

◆

Amorcez une conversation avec la poupée.
Vous : J'ai mangé ton biscuit.
La poupée : Oh non !
Vous : En veux-tu un autre ?
La poupée : Oui, merci ! (faites semblant de lui donner un biscuit)
Ou encore :
Vous : Veux-tu te déguiser ?
La poupée : D'accord, je vais porter le foulard rouge.
Vous : On fait semblant que c'est l'hiver.
La poupée : Oui, il neige !

◆

Imaginez toutes sortes de scénarios qui familiariseront votre enfant avec différentes situations.

◆

Le fait de revivre des situations de la vie quotidienne aide les enfants à mieux les comprendre.

◆◆

Selon les chercheurs

Les études démontrent qu'en situation de stress, les enfants qui vivent une relation parentale sécurisante s'adaptent plus facilement et produisent moins de cortisol, une hormone reliée au stress qui affecte le métabolisme, le système immunitaire et les fonctions cérébrales.

De
21
à
24
mois

Le petit oiseau

•••

Placez-vous debout, face à votre bambin,
en le tenant par les mains.

◆

Marchez en cercle, en répétant ce qui suit :
Vole, petit oiseau (faites semblant de voler)
vole très très haut
vole comme un avion
vole dans la maison...
et pose-toi sur... le rideau !

◆

Au dernier vers, faites semblant de voler jusqu'au rideau
en encourageant l'enfant à vous imiter.

◆

Recommencez en terminant le poème
par un autre objet de la pièce.

◆

Il s'agit d'une très agréable façon d'accroître le vocabulaire.

• ◆ •

Selon les chercheurs

À partir de quelques circuits seulement à la naissance,
le cerveau se développe jusqu'à en compter des centaines de
milliards à l'âge de trois ans. Une croissance incomparable,
propre à la période de la petite enfance.

De
21
à
24
mois

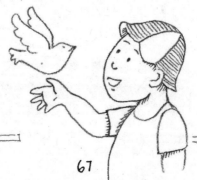

Je vois...

•••

Asseyez-vous par terre avec votre enfant.

•

Nommez un objet de la pièce en disant d'une voix chantante : «Je vois un ourson (ou tout autre objet connu de l'enfant).»

•

Demandez-lui d'aller toucher l'ourson.

•

Continuez à nommer différents objets. Pour chacun, dites la phrase, puis demandez à l'enfant d'aller le toucher.

•

Ce jeu est excellent pour l'acquisition de nouveaux mots.

•••

Selon les chercheurs

Plus un enfant entend de mots, plus il apprend rapidement à parler. Les sons des mots créent les circuits neuronaux nécessaires au développement des habiletés linguistiques.

De
21
à
24
mois

Patatras!

• • •

Asseyez votre enfant sur vos genoux, face à vous.
Tenez-le par la taille en le faisant sauter sur vos genoux.

•

Répétez cette comptine :
Brouti brouta
l'âne a brouté
Trotti trotta
l'âne a trotté
Rui rua
l'âne a rué (soulevez l'enfant dans les airs)
et patatras !
(nom de l'enfant) *est tombé !* (soutenez-le sous les bras
en le laissant tomber entre vos genoux)

•

Votre enfant ne se lassera pas de ce jeu, qui est le moyen
idéal de renforcer les liens d'attachement.

• • •

Selon les chercheurs

*Le cerveau d'un enfant croît en fonction de ses expériences
et liens affectifs, qui sont des éléments essentiels
à son développement.*

De
21
à
24
mois

69

La danse

• • •

Écoutez de la musique avec votre enfant.
Cette activité bénéfique pour son développement cérébral
vous procurera beaucoup de plaisir.

◆

Faites-lui entendre différents types de musique
et observez ses réactions et mouvements. S'il se balance,
faites comme lui. S'il saute, sautez aussi.

◆

Prenez-le par la main et bougez au rythme de la musique.
Vous pouvez sautiller, faire des pas glissés, courir,
tournoyer, marcher sur la pointe des pieds, etc.

◆

Laissez votre corps suivre le rythme et encouragez
votre bambin à faire de même. Quand il verra que vous
appréciez la musique, il y prendra plaisir aussi.

• ◆ •

Selon les chercheurs

*L'exposition à la musique est vitale pour l'acquisition du
langage, le développement moteur et l'intégration sensorielle.*

De
21
à
24
mois

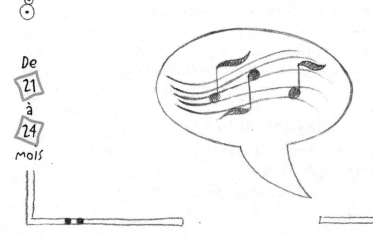

Le bain

*L'heure du bain est une occasion de renforcer le lien
d'attachement entre vous et votre enfant.*

◆ ◆ ◆

Chantez en lui donnant son bain.
En plus de le distraire, les chansons peuvent
lui enseigner des mots, comme les parties du corps.

◆

Tout en le lavant, chantez ce qui suit,
sur l'air de *C'est l'aviron*, en variant les parties du corps :
*Dans la baignoire, je me lave, je me lave,
dans la baignoire, je me lave les pieds !*

◆ ◆ ◆

Selon les chercheurs

*Au cours des trois premières années de vie,
les synapses se forment rapidement, en réaction
aux stimulations externes. Lorsque vous cajolez votre bébé
et lui fredonnez des chansons, vous stimulez
le développement de son cerveau.*

De
21
à
24
mois

71

flotte ou coule

•••

Rassemblez quelques objets qui flottent
(éponges, contenants de plastique vides, jouets de
caoutchouc) et d'autres qui ne flottent pas (contenants
pleins, savon, jouets à l'épreuve de l'eau, etc.).

◆

Remplissez un seau d'eau et déposez chaque objet
dans l'eau à tour de rôle, en disant : « ça flotte »
ou « ça coule », selon le cas.

◆

Sortez les objets de l'eau et recommencez.

◆

Cette fois, avant de déposer un objet dans l'eau, demandez
à votre enfant : « Penses-tu qu'il va flotter ou couler ? »

◆

Bientôt, votre tout-petit se mettra à chercher d'autres
objets pour vérifier s'ils coulent ou s'ils flottent.

◆ ◆ ◆

Selon les chercheurs

*La résolution de problèmes pave la voie aux nouveaux
apprentissages, car elle active des substances chimiques
qui entraînent la formation de nouvelles synapses.*

De
21
à
24
mois

Les rythmes

• • •

Asseyez-vous sur le sol avec votre enfant et donnez-lui
un bâtonnet ou une cuillère de bois.

•

Munissez-vous aussi d'un bâtonnet et frappez-le sur le sol
en suivant un rythme. Par exemple, frappez-le deux fois,
puis arrêtez. Comptez en frappant : « Un, deux... »

•

Si votre bambin ne peut pas reproduire ce rythme, prenez
sa main et aidez-le à frapper sur le sol en comptant.

•

Chantez une chanson qu'il aime bien et marquez
le rythme en frappant le bâtonnet sur le sol.
Encouragez votre enfant à vous imiter.

•

Une fois qu'il a compris le jeu, donnez-lui des indications
et voyez s'il peut les suivre. Par exemple, dites-lui :
tape vite, tape lentement
tape fort, tape doucement

• • •

Selon les chercheurs

*Plus un enfant entend des adultes chanter
ou jouer de la musique, plus son cerveau crée des circuits
et des configurations neuronales.*

De
21
à
24
mois

73

Tape les pieds

Les bambins adorent enlever leurs chaussures.
Voici une activité amusante pour jouer pieds nus,
à l'intérieur ou à l'extérieur.

◆ ◆ ◆

Retirez vos chaussures et dites à votre enfant
d'enlever les siennes.

◆

Étendez-vous par terre, sur le dos, de manière
à ce que vos pieds touchent les siens.

◆

Répétez: «Un, deux, trois, tape les pieds!»

◆

Levez vos jambes dans les airs et cognez doucement
la plante des pieds de l'enfant avec la plante de vos pieds.

◆

Vous pouvez varier le jeu en collant des gommettes sur la
plante de ses pieds. Modifiez les paroles en fonction du
dessin (tape le chien, tape la fleur, tape le soleil, etc.)

◆

Il s'agit d'une façon agréable d'accroître
la coordination de l'enfant.

◆ ◆ ◆

Selon les chercheurs

Le lien affectif que vous établissez avec votre enfant
aura une influence sur ses futures capacités
d'apprentissage.

De
21
à
24
mois

74

La toupie

• • •

Montrez une toupie à votre enfant et faites-la tourner.

◆

Tournez vous-même comme une toupie
et dites-lui de vous imiter.

◆

Répétez les paroles suivantes en tournant :
Tourne, tourne petite toupie
tourne, tourne, tout étourdi,
tourne, tourne et badaboum !
(laissez-vous tomber sur le sol)

◆

Une fois que votre bambin comprend le jeu, commencez
à tourner lentement, puis de plus en plus vite.

◆

Ralentissez avant de vous laisser tomber par terre.

◆ ◆ ◆

Selon les chercheurs

La répétition de mouvements renforce les circuits neuronaux
entre les aires cérébrales associées à la pensée,
l'aire motrice et les nerfs reliés à la musculature.

De
21
à
24
mois

La ferme à Mathurin

•••

Une chanson très appréciée des enfants est *La ferme à Mathurin*. Ils adorent reproduire les cris d'animaux.

À la ferme à Mathurin
Hi ha hi ha ho
Il y a des centaines de chiens
Hi ha hi ha ho
Y a des ouah par-ci
Y a des ouah par-là
Y a des ouah, y a des ouah
Y a des ouah, ouah, ouah !
À la ferme à Mathurin
Chacun son refrain !

◆

Vous pouvez modifier les paroles. Par exemple, il pourrait y avoir des centaines de voitures qui font vroum, de petits nez qui font atchoum, de violons qui font zing, etc.

◆ ◆ ◆

Selon les chercheurs

Des scintigrammes d'enfants en train de chanter des comptines et de s'amuser à compter révéleraient des zones cérébrales rayonnantes d'activité.

De
21
à
24
mois

76

Jeu d'observation

Voici un jeu charmant pour aider votre enfant
à considérer différentes parties de son corps
et améliorer son sens de l'observation.

◆ ◆ ◆

Dites-lui : « Si tu portes des souliers, fais un bond ! »

◆

Aidez-le en lui demandant : « Portes-tu des souliers ?
Montre-les-moi. »

◆

Désignez ses souliers et demandez-lui de sauter.
Vous devrez peut-être sauter vous-même
pour lui faire une démonstration.

◆

Voici quelques autres suggestions :
◆ Si tu portes des chaussettes, fais une pirouette.
◆ Si tu portes un chandail, tape des mains.
◆ Si tu portes un pantalon, tourne en rond.

◆ ◆ ◆

Selon les chercheurs

Les parents et les éducateurs occupent une place privilégiée
pour développer le cerveau des enfants. Ils devraient donc
leur procurer un cadre enrichissant, sans toutefois
leur imposer de pressions excessives
sur le plan de l'apprentissage.

Chuchotements

*Les enfants de deux ans sont fascinés par les chuchotements
et sont très fiers lorsqu'ils réussissent à parler à voix basse.
En chuchotant, l'enfant apprend à moduler sa voix,
ce qui constitue un aspect important de la prise de conscience
des sons. Cette activité lui demande aussi
beaucoup de concentration.*

◆ ◆ ◆

Chuchotez quelques mots à votre bambin. Par exemple :
« Tape des mains. »

◆

Demandez-lui de vous chuchoter quelque chose.

◆

Continuez à vous parler en chuchotant,
jusqu'à ce qu'il parvienne à parler tout bas.

◆ ◆ ◆

Selon les chercheurs

*Chaque fois qu'un enfant est appelé à réfléchir,
de nouvelles synapses se forment ou des connexions
existantes sont renforcées. Plus il forme de connexions,
plus il accroît son intelligence.*

Le marionnettiste

◆◆◆

Prenez une poupée ou un animal en peluche.

◆

Asseyez-vous par terre avec votre bambin et faites bouger le bras de la poupée comme pour dire au revoir.

◆

Donnez-lui la poupée et laissez-le la manipuler.

◆

Voici d'autres mouvements à faire exécuter à la poupée :
- ◆ taper des mains
- ◆ remuer les jambes
- ◆ souffler un baiser
- ◆ balancer les bras

◆

Demandez à votre enfant d'imaginer d'autres actions.

◆◆◆

Selon les chercheurs

Les interactions et expériences positives ont une influence sur le développement affectif de l'enfant.

Panse de son

Les enfants de deux ans sont comme des éponges.
Ils entendent une phrase pour la première fois et
commencent déjà à la mémoriser, particulièrement
si les mots sont associés à une action.

◆ ◆ ◆

Prononcez des comptines en accomplissant une action.
Cela aidera votre bambin à s'en souvenir. Voici une comptine
bien connue. Dites-la en touchant
tour à tour les parties du corps indiquées :

Panse de son
gorge de pigeon
bouche d'argent
nez cancan
joue bouillie
joue rôtie
petit œil
gros œil
sourcillon
sourcillette
toc, toc, la caboche !

◆

Recommencez en demandant à votre enfant
de faire les gestes.

◆ ◆ ◆

Selon les chercheurs

La mémoire est une accumulation d'apprentissages acquis et
retenus. En situation d'apprentissage, de nouvelles synapses
se forment et des connexions existantes se fortifient.

Le Foulard

*Il est très agréable de tenir un foulard à la main
tout en bougeant au rythme de la musique. Cela procure
également une sensation d'équilibre et de contrôle.*

◆ ◆ ◆

Dansez au son de pièces instrumentales avec votre enfant,
en agitant chacun un foulard.

◆

Faites onduler le foulard dans les airs, puis faites-le
descendre en voltigeant jusqu'au sol.

◆

Laissez le foulard flotter derrière vous
en exécutant une pirouette.

◆

Vous pouvez aussi danser en tenant
une extrémité d'un foulard
pendant que votre enfant tient l'autre.

◆

Demandez-lui d'imiter tous vos gestes.

◆

Il vous réclamera souvent ce jeu
qui fait appel à sa créativité.

◆ ◆ ◆

Selon les chercheurs

*La capacité d'un enfant d'apprendre et de s'épanouir
dans diverses situations dépend de l'interaction
entre la nature (son héritage génétique) et l'éducation
(les soins, les stimulations et la formation qu'il reçoit).*

La chanson des fruits

• • •

Placez trois fruits différents sur la table et nommez-les.

•

Laissez votre enfant les toucher
pendant que vous les nommez.

•

Chantez les paroles suivantes,
sur l'air de *Dansons la capucine* :
J'ai une belle petite pomme
j'ai envie de la manger
j'ai une belle petite pomme
je vais me régaler !
Miam !

◆

Remplacez les paroles par : « une belle petite fraise »,
« de beaux petits raisins », etc.

◆

Terminez avec : « J'ai une salade de fruits. »

◆ ◆ ◆

Selon les chercheurs

Les études ont révélé que les soins prodigués aux jeunes
enfants ont une plus grande influence que ce que l'on croyait
auparavant. Le développement cérébral est le résultat d'un
mélange complexe d'hérédité et d'expériences.

Il était une fois...

*Voici un bon jeu à proposer à la suite
de la chanson des fruits.*

• • •

Réunissez trois ou quatre fruits et examinez-les
avec votre bambin. Coupez-les et examinez ce qu'il y a
à l'intérieur. Y a-t-il des graines, un cœur, des quartiers?

•

Racontez une histoire en vous inspirant d'un fruit.
Par exemple :
*Il était une fois une pomme qui voulait jouer
avec Alex (ou nom de l'enfant).*
*– Bonjour ! dit la pomme. Veux-tu jouer avec moi ?
On pourrait inviter un autre fruit !*
*– D'accord, dit Alex. Je vais appeler une orange.
Alex téléphone à l'orange.*
– Bonjour, orange. Veux-tu venir jouer avec nous ?

•

Demandez à votre enfant de suggérer
quel fruit appeler ensuite.

•

Chaque fois qu'un nouveau fruit s'ajoute, décrivez-le,
coupez-le, examinez-le et, bien sûr, goûtez-le !

• • •

Selon les chercheurs

*C'est la plasticité du cerveau des enfants, c'est-à-dire sa
capacité de se reconstruire sans cesse, qui facilite leur
apprentissage du langage. Plus ils entendent de mots, plus
ils forment de synapses.*

Tartine papillon

•••

Laissez votre bambin vous aider à préparer une tartine.

•

Prenez une tranche de pain et coupez-la en diagonale.

•

Étalez la tartinade préférée de votre enfant sur les deux triangles de pain (beurre, confiture, beurre d'arachides, pâte à tartiner au chocolat, etc.). Décorez-les ensuite de morceaux de fruits (tranches de banane, raisins coupés, raisins secs). Le but est d'avoir une tartine très colorée.

•

Inversez les triangles de manière à former un papillon.

•

Ajoutez des bâtonnets de légume en guise d'antennes.

•

Une fois que l'enfant a mangé la tartine, suggérez-lui de faire comme un papillon et de voleter dans la pièce.

◆ ◆ ◆

Selon les chercheurs

«Le cerveau est une machine à associations, explique le Dr Larry Katz, neurobiologiste. Il cherche constamment à associer des choses, en fonction de l'apparence, de l'odeur, de la sonorité, etc. Il fait ensuite appel à ces associations pour comprendre le monde.»

Oh, oh!

Ce jeu contribue à enseigner les concepts spatiaux.

• • •

Prenez l'animal en peluche favori de votre bambin.

•

Répétez le poème suivant, en changeant le mot lapin pour
correspondre à l'animal en peluche que vous avez choisi.
Le petit lapin bondit (faites sauter l'animal)
il regarde autour de lui (faites-le tourner d'un côté
et de l'autre)
il regarde en l'air (levez-le dans les airs)
il regarde par terre... (baissez-le jusqu'au sol)
Le petit lapin s'enfuit! (courez avec l'animal)
Oh, oh! Où est-il parti? (cachez-le derrière votre dos)

• • •

Selon les chercheurs

*Votre relation avec votre enfant influence son cerveau
de diverses manières. Les liens affectifs tendres et chaleureux
contribuent à renforcer les systèmes biologiques
qui lui permettent de contrôler ses émotions.*

85

Ron, ron, macaron

Chantez cette comptine traditionnelle en faisant une ronde
avec votre bambin :

Ron, ron, macaron (tenez-lui les mains et marchez en rond)
ma p'tite sœur, ma p'tite sœur
ron, ron, macaron (tournez en sens inverse)
ma p'tite sœur est dans la maison
fais ceci, fais cela (levez les bras, puis baissez-les)
apichoum ! (laissez-vous tomber par terre)

◆

Vous pouvez accomplir d'autres actions au mot
« apichoum » : sauter sur place, taper des mains,
faire une pirouette, toucher vos pieds, etc.

◆

Ce jeu est une merveilleuse façon d'accroître
la perception spatiale de votre bambin.

◆ ◆ ◆

Selon les chercheurs

Tous les enfants acquièrent des connaissances.
Leurs apprentissages dépendent de ce
à quoi ils sont exposés.
Comme la majeure partie
des connexions neuronales
se forme après la naissance,
vous avez l'occasion
chaque jour de contribuer
au développement
du cerveau de votre enfant.

Les photos

•••

Feuilletez des livres et des magazines avec votre enfant
afin d'y trouver des photographies montrant des visages.

♦

Demandez à votre enfant de décrire les expressions
des visages.

♦

Trouvez une photo d'enfant qui a l'air heureux.
Parlez de cette émotion avec votre bambin, puis
demandez-lui de faire un «visage content». Continuez
à chercher des visages à l'expression heureuse.

♦

Lorsque vous reprendrez ce jeu à une autre occasion,
cherchez un autre type d'expression: triste, étonnée, etc.

♦

Choisissez des expressions qui correspondent
aux émotions que ressent votre enfant ce jour-là.

♦

Ce jeu aide les enfants de deux ans à identifier
leurs émotions.

♦ ♦ ♦

Selon les chercheurs

*L'expression d'émotions libère des composés chimiques
qui stimulent la mémoire et permettent de se souvenir
d'événements liés à ces émotions.*

Miroir, miroir

❖❖❖

Asseyez-vous sur le sol avec votre tout-petit.

•

Tenez un miroir dans votre main
et prononcez les paroles suivantes :
Miroir, miroir, dis-moi ce que tu vois !
Un visage content, voilà ce que je vois !

❖

Souriez et parlez d'une voix animée.

•

Donnez le miroir à votre enfant et redites le poème
en lui demandant de prendre une expression joyeuse.

❖

Continuez d'adopter différentes expressions devant le miroir.
Faites d'abord une démonstration, puis laissez
votre bambin vous imiter.

•

Vous pouvez tour à tour prendre un air triste, grognon,
endormi, fâché, surpris...

❖❖❖

Selon les chercheurs

Les enfants se souviennent plus facilement
des événements associés à des émotions.

Les cubes

• • •

Asseyez-vous par terre avec votre bambin
et proposez-lui de jouer avec des cubes.

◆

Échafaudez une structure avec trois ou quatre cubes.

◆

Si votre enfant ne tente pas aussitôt de construire
sa propre structure, encouragez-le à le faire.

◆

S'il semble vouloir édifier des structures plus complexes,
laissez-le prendre les devants.

◆

Ajoutez des animaux ou des figurines de plastique
dans les constructions de l'enfant.

◆ ◆ ◆

Selon les chercheurs

*Le cerveau d'un enfant de trois ans est deux fois plus actif
que celui d'un étudiant de niveau universitaire.*

De
27
à
30
mois

Le jouet mécanique

*Cette activité fait appel à la coopération de l'enfant
et à ses compétences linguistiques.*

◆ ◆ ◆

Prenez un jouet mécanique et asseyez-vous sur le sol
avec votre bambin, les jambes écartées devant vous.
Demandez-lui de prendre la même position, de manière
à ce que vos pieds se touchent et forment un espace clos.

◆

Remontez le jouet et placez-le sur le sol pour qu'il se dirige
vers l'enfant. Commentez la progression du jouet :
« Attention, il s'en vient ! » ou « Oups ! Il est tombé ! »

◆

Si votre enfant est capable de remonter le jouet,
dites-lui de vous le retourner.

◆

S'il a besoin d'aide, remontez-le pour lui, en le laissant
toutefois le poser lui-même sur le sol.
Remarque : Certains jouets mécaniques sont constitués
de petites pièces. Surveillez bien l'enfant pendant l'activité
et rangez le jouet hors de sa portée une fois
qu'elle est terminée.

◆ ◆ ◆

Selon les chercheurs

*À la naissance, le cerveau
a déjà commencé à relier
des milliards de cellules, créant
jusqu'à 15 000 synapses par cellule.
Ces synapses forment un canevas
où s'intégreront les futurs apprentissages.*

De
27
à
30
mois

Le petit nid

• • •

Prononcez le poème suivant pour renforcer
le sentiment de sécurité de votre bambin :

J'ai un petit nid
fleuri
où mon poussin
est à l'abri (prenez l'enfant dans vos bras
et serrez-le contre vous)
J'ai un petit nid
tout doux
où mon poussin
peut faire joujou (donnez-lui un jouet)
J'ai un petit nid
tout chaud
où mon poussin
peut faire dodo (bercez-le doucement)

◆ ◆ ◆

Selon les chercheurs

Les bébés et leurs parents sont biologiquement
conçus pour former un lien d'attachement.

Chacun son tour

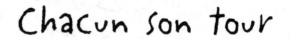

*Les adultes sont souvent contrariés lorsque leur enfant
refuse de partager. Le partage est un concept
difficile à comprendre pour un enfant de deux ans.
Ce jeu où chacun joue à tour de rôle est un bon moyen
d'inculquer à votre bambin le concept du partage.*

◆

**De
27
à
30
mois**

Donnez-lui un jouet qu'il aime bien. Commentez son
apparence, faites-lui remarquer ses couleurs, sa texture, etc.

◆

Prenez vous-même un autre jouet et décrivez-le.

◆

Jouez avec votre jouet pendant que votre enfant
s'amuse avec le sien. Après un certain temps, donnez votre
jouet à l'enfant et demandez-lui de vous prêter le sien.

◆

S'il n'accepte pas la première fois, tentez l'expérience
un autre jour.

◆ ◆ ◆

Selon les chercheurs

*Des jeux simples comme «faire coucou» ou
«tape la galette» inculquent à l'enfant des règles complexes,
lui enseignant entre autres à attendre son tour et à réagir
conformément aux attentes. Ce type de concession
est au cœur de tout système moral.*

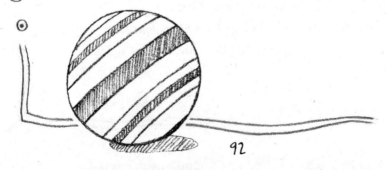

Snif

• • •

Choisissez trois choses qui ont une odeur distincte.
Il est plus facile de commencer par des aliments
et des fleurs. Par exemple, les oranges, les cornichons
et le lilas ont une odeur intéressante.

◆

Dites à votre bambin que vous êtes deux ours
en train de se promener.

◆

Exclamez-vous : « Petit ours, ça sent bon ! » Faites mine
de cueillir une orange dans un arbre. Retirez une partie
de l'écorce et faites-la sentir à votre enfant.

◆

Continuez la promenade en vous arrêtant
pour respirer les deux autres objets.

◆

Dites ensuite : « Petit ours, allons nous asseoir
dans l'herbe pour sentir ces trois choses. »

◆

Enfin, demandez-lui : « Laquelle aimerais-tu goûter ? »

◆ ◆ ◆

Selon les chercheurs

*Le cerveau humain est conçu pour tirer parti
des expériences et enseignements empreints d'affection,
surtout au cours des premières années de vie.*

De
27
à
30
mois

Les comptines

*De nombreux enfants de deux ans connaissent
déjà plusieurs comptines.*

◆ ◆ ◆

De
27
à
30
mois

Cherchez des illustrations ou des photographies
dans des magazines et des catalogues afin d'y trouver
des objets qui évoquent des comptines connues.
Voici quelques exemples :

- des ciseaux pour *Bateau, ciseau*
- un chapeau pour *Turlututu, chapeau pointu*
- une coccinelle ou un papillon pour *Je fais pipi sur le gazon*
- de la crème glacée pour *Crème glacée, limonade sucrée*
- une barbe pour *Je te tiens par la barbichette*
- un panier pour *À la pêche aux moules*
- des fruits pour *Pomme de reinette* et *Pomme, poire, abricot*

◆

Montrez la photo à votre enfant et dites la comptine ensemble.

◆

Collez les photos sur des morceaux de carton et conservez-les
dans une boîte. Dites à l'enfant de choisir un carton au hasard,
puis chantez ou prononcez la comptine avec lui.

◆ ◆ ◆

Selon les chercheurs

*Les mots auxquels un enfant est exposé doivent provenir
d'un parent ou d'un éducateur qui lui parle avec tendresse et
expression, plutôt que d'un poste de radio ou de télévision.*

Histoires inventées

• • •

Inventez une histoire en utilisant le nom de votre enfant:
« Il était une fois une petite fille qui s'appelait Léa... »

•

Incorporez à l'histoire quelques mots qui se répéteront à plusieurs reprises. Encouragez votre enfant à les dire avec vous.

•

Par exemple, l'histoire pourrait parler de Léa qui fait une promenade au parc. Chaque fois qu'elle aperçoit quelque chose de joli, elle pourrait dire: « Oh! Les belles couleurs! »
Il était une fois une petite fille qui s'appelait Léa. Ce jour-là, Léa va se promener dans le parc. Sur le sentier, Léa voit une belle fleur. Elle s'écrie: « Oh! Les belles couleurs! » Ensuite, elle s'assoit sur le gazon et voit un beau papillon. Elle s'écrie: « Oh! Les belles couleurs! »...

•

Raccourcissez ou allongez l'histoire, en fonction de l'intérêt et de la durée d'attention de l'enfant.

◆ ◆ ◆

Selon les chercheurs

Des cellules sont activées, des synapses sont créées et des connexions sont renforcées lorsqu'un tout-petit écoute une histoire.

De
27
à
30
mois

Découpages

•••

Choisissez un magazine qui contient des photos d'objets connus de votre enfant.

•

Découpez des photos et collez-les sur des fiches de carton afin d'en faire un jeu de cartes.

•

Prenez au hasard une carte dans la pile.

•

Si vous avez choisi la photo d'un chat, proposez à votre bambin de faire semblant d'être un chat.

•

Ce jeu est excellent pour développer l'imagination, les compétences langagières et les aptitudes sociales.

♦ ♦ ♦

Selon les chercheurs

Le vocabulaire commence à se construire à un très jeune âge. L'étendue du vocabulaire d'un enfant est directement liée au nombre de fois où un adulte lui a adressé la parole.

De
27
à
30
mois

Jeu à trous

*Chez les enfants de deux ans, la vitesse d'acquisition
du langage est spectaculaire.*

◆ ◆ ◆

Inventez une histoire où apparaît le nom de votre bambin.
Chaque fois que vous arrivez à son nom,
laissez-le le dire lui-même.

◆

Par exemple:
*Il était une fois un petit garçon appelé _____ (nom
de l'enfant). Ce petit garçon qui s'appelait _____
est allé dans la cuisine manger sa collation.*

◆

Incorporez des situations qui encourageront
l'enfant à remplir les trous:
*Le garçon qui s'appelait_____ a ouvert la porte
du frigo et a sorti le_____.*

◆

Selon le niveau de langage de l'enfant, vous pouvez inventer
une histoire très simple ou plus complexe, courte ou longue.

◆

Ce jeu est une excellente façon d'éveiller son imagination
et de perfectionner ses compétences linguistiques.

◆ ◆ ◆

Selon les chercheurs
*Parler à un enfant est le meilleur
moyen d'accroître
ses habiletés langagières.*

De
27
à
30
mois

97

Arrête!

◆◆◆

Aidez votre enfant à exercer sa coordination et ses grands muscles. Tenez-le par la main et marchez en répétant:

Marche, marche, marche
marche, marche, arrête!

◆

Immobilisez-vous en disant le mot «arrête».

◆

Changez de mouvement:

Saute, saute, saute,
saute, saute, arrête!

◆

Immobilisez-vous en disant le mot «arrête».

◆

Continuez à changer de mouvement, en vous immobilisant toujours quand vous dites «arrête».

◆

Vous constaterez bientôt que votre enfant sait exactement quand s'arrêter.

◆◆◆

Selon les chercheurs

Qu'il s'agisse de motricité fine,
de motricité globale
ou de capacité de raisonnement,
tout s'apprend par le jeu. Lorsqu'un
enfant parvient à intégrer
une nouvelle habileté, son visage s'illumine.
Voilà à quoi sert le jeu: à faire divers essais
pour découvrir ce qui fonctionne.

De
27
à
30
mois

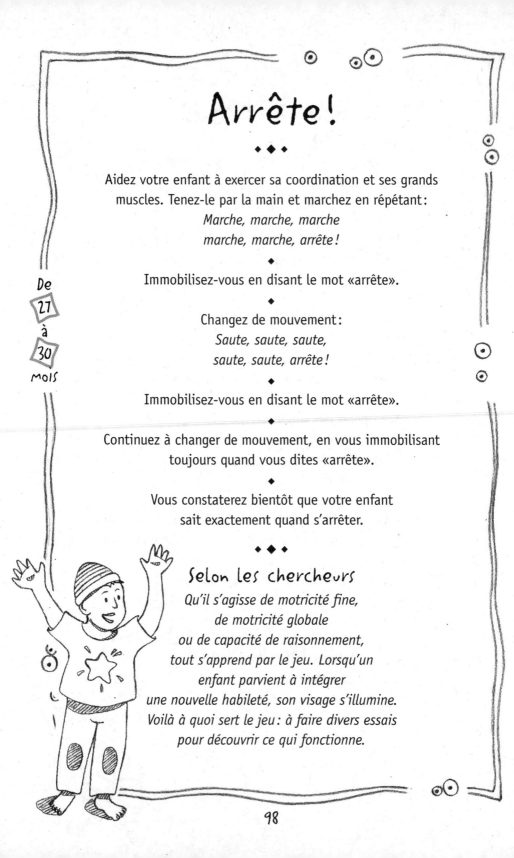

Les pierres

•••

Choisissez une belle journée pour aller chercher
des pierres dans la nature avec votre enfant.

◆

Expliquez-lui ce que vous allez faire et
apportez un contenant pour récolter vos trouvailles.

◆

Suggérez-lui de chercher un type de pierre précis :
«Trouve une petite pierre» ou «Trouve une pierre lisse».
Vous pouvez chercher des pierres bosselées, lisses,
petites, grosses, blanches, grises, brunes, etc.

◆

Lorsque vous avez terminé, rapportez les pierres
à la maison et lavez-les. Examinez-les attentivement
et discutez de l'endroit d'où elles proviennent.

◆

Laissez votre enfant les trier.
Remarque : Si votre enfant a l'habitude de mettre des petits
objets dans sa bouche, assurez-vous de ne récolter que des
pierres qui ne poseront pas un risque d'étouffement.

◆ ◆ ◆

Selon les chercheurs

*De nouvelles études sur le cerveau confirment
ce que de nombreux parents et éducateurs savaient déjà :
les liens affectifs et les stimuli positifs exercent
une influence indéniable sur le développement des enfants.*

De
27
à
30
mois

L'imitation

•••

Faites semblant de vous servir d'un objet imaginaire
en expliquant vos gestes à votre bambin.

◆

Par exemple, faites semblant de boire
et dites-lui: «Je bois du lait.»
Demandez-lui: «Peux-tu boire du lait, toi aussi?»

◆

De 27 à 30 mois

Continuez à mimer de simples gestes
que votre enfant connaît:
- lancer un ballon
- se brosser les dents
- se laver la figure
- se brosser les cheveux

Demandez-lui chaque fois: «Peux-tu le faire aussi?»

◆

Ce type d'activité stimule la capacité de raisonnement,
les aptitudes de communication et l'imagination.

◆ ◆ ◆

Selon les chercheurs

*À aucun autre moment de la vie, le cerveau ne maîtrise
un si grand nombre d'activités avec une telle aisance.*

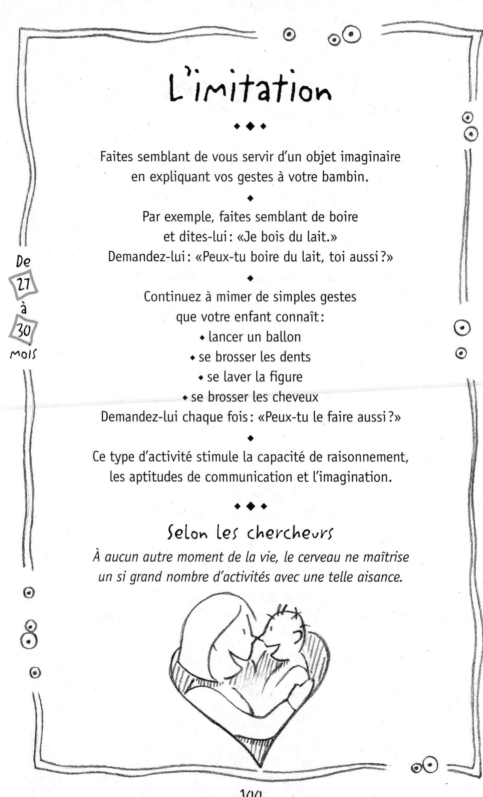

Bonhomme, bonhomme

• • •

Voici une chanson dont raffolent les tout-petits :
Bonhomme, bonhomme, sais-tu jouer ? (bis)
Sais-tu jouer de ce violon-là ? (bis)
Zing, zing, zing, de ce violon-là
Bonhomme !
Tu n'es pas maître dans ta maison
quand nous y sommes.

Sais-tu jouer de cette flûte-là ?
Flûte, flûte, flûte, de cette flûte-là
Boum, boum, boum, de ce tambour-là
Taratata, de ce cornet-là
Glou, glou, glou, de cette bouteille-là

◆

Faites semblant de jouer de chaque instrument
en encourageant votre bambin à vous imiter.

◆

Vous pouvez ajouter d'autres instruments de votre choix.

• ◆ •

Selon les chercheurs

La musique maximise le développement cérébral,
favorise les intelligences multiples et renforce le lien
entre l'adulte et l'enfant.

Dans un grand lit

Les jeux de doigts sont un bon moyen de développer
le vocabulaire et la motricité fine.

◆ ◆ ◆

De
27
à
30
mois

Dites la comptine suivante en faisant les gestes indiqués:
Ils étaient cinq dans un grand lit (montrer les cinq doigts)
et le petit poussait, poussait (de l'autre main,
saisir l'auriculaire et le faire pousser les autres doigts)
le pouce tomba du lit (le pouce se replie)
Ils étaient quatre dans un grand lit
(montrer les quatre doigts, le pouce replié)
et le petit poussait, poussait (saisir l'auriculaire et le faire pousser)
l'index tomba du lit (l'index se replie)
Ils étaient trois dans un grand lit
(montrer le majeur, l'annulaire et l'auriculaire)
et le petit poussait, poussait (saisir l'auriculaire et le faire pousser)
le majeur tomba du lit (le majeur se replie)
Ils étaient deux dans un grand lit (montrer l'annulaire et l'auriculaire)
et le petit poussait, poussait (saisir l'auriculaire et le faire pousser)
l'annulaire tomba du lit (l'annulaire se replie)
Le petit était seul dans le grand lit (montrer l'auriculaire)
On est bien, seul dans un grand lit! (agiter l'auriculaire)

◆

Recommencez en encourageant l'enfant
à faire les gestes avec vous.

◆ ◆ ◆

Selon les chercheurs

Le nombre de connexions neuronales augmente
lorsqu'un enfant grandit dans un cadre enrichissant.

Picoti, picota!

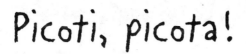

Prenez un animal en peluche ou une poupée
qu'affectionne particulièrement votre enfant.

•

Demandez-lui de toucher différentes parties du corps
de l'animal. Par exemple, dites-lui : «Montre-moi la tête
de l'ourson» ou «Où sont les pattes de l'ourson ?»

•

Dites les mots qui suivent d'une voix chantante,
ou chantez-les sur un air de votre cru. En même temps,
tapotez la tête de l'ourson du bout de l'index :
Prends ton doigt et fais comme moi
picoti, picota !

•

Prenez le doigt de l'enfant et répétez les mots
en tapotant la tête de l'ourson. Reprenez la comptine
en tapotant le nez, la patte, le ventre de l'ourson.
Il s'agit là d'un excellent exercice rythmique.

• • •

Selon les chercheurs

L'écoute de pièces musicales permet d'intégrer
simultanément plusieurs habiletés,
et donc d'établir de multiples
connexions cérébrales.

De
27
à
30
mois

103

Répétitions

• • •

De 27 à 30 mois

Ce jeu consiste à répéter le dernier mot d'une phrase
à trois reprises :
Veux-tu un verre de lait, lait, lait ?
Tape des mains, mains, mains !
Mouche ton nez, nez, nez !

◆

Mettez l'accent sur le mot que vous répétez.

◆

Encouragez votre bambin à trouver lui-même
des mots qu'il s'amusera à répéter.

• • •

Selon les chercheurs

*Les enfants acquièrent du vocabulaire
en entendant répéter des mots. La maîtrise du langage
est primordiale, puisqu'il s'agit de notre principal
système de communication.*

Que vois-tu?

•••

Voici un jeu très créatif qui se déroule à l'extérieur,
au cours d'une promenade à pied ou en voiture.

◆

Par exemple, si vous marchez dehors, demandez à votre
bambin ce qu'il voit autour de lui. Lorsqu'il vous répondra,
amenez-le à réfléchir en lui posant des questions.

◆

S'il déclare qu'il voit un arbre,
voici ce que vous pourriez lui demander:
Est-ce qu'il est grand?
De quelle couleur est-il?
De quelle forme sont ses feuilles?
Où est la cime et où sont les racines?

◆ ◆ ◆

Selon les chercheurs

*Au cours des périodes d'apprentissage critiques,
des circuits se forment et pavent la voie à l'acquisition
de futures habiletés.*

De
27
à
30
mois

Les boîtes

• • •

Les grosses boîtes de carton, comme celles contenant des appareils électroménagers, sont de merveilleux jouets.

◆

Elles peuvent se transformer en voitures, en maisons ou en tout autre objet tiré de votre imagination.

◆

Les corbeilles à linge et les contenants de grande taille sont aussi des accessoires intéressants.

◆

Les boîtes sont des endroits parfaits pour dissimuler des trésors.

◆

Donnez une boîte à votre enfant et observez-le pendant qu'il donne libre cours à sa créativité et à son imagination.

De 27 à 30 mois

◆ ◆ ◆

Selon les chercheurs

Au cours des premières années de vie, le cerveau d'un enfant contient deux fois plus de synapses qu'un cerveau d'adulte. Si une connexion est utilisée de façon répétitive, elle devient permanente. Inversement, une synapse peu ou pas utilisée sera éliminée.

Les ressemblances

•••

De
27
à
30
mois

Examinez les jouets de votre enfant. Essayez de trouver
des points communs entre eux, tels que leur couleur,
le bruit qu'ils produisent, leurs roues, etc.

•

Choisissez-en deux qui sont similaires et un
qui est différent. Prenez par exemple deux jouets
qui font du bruit et un qui n'en fait pas. Montrez
les deux premiers jouets à votre bambin et dites-lui : «Ce
jouet fait du bruit. Peux-tu faire du bruit avec celui-ci ?»

•

Demandez-lui ensuite si le troisième jouet
produit aussi un bruit.

• • •

Selon les chercheurs

*Le développement cérébral connaît son apogée durant
les trois premières années, quand l'enfant est littéralement
bombardé de centaines de nouvelles informations. Le cerveau
établit de nouvelles connexions et élimine les synapses
non utilisées durant cette période où il est le plus malléable
et disposé à apprendre.*

La flaque

Voici une idée amusante pour jouer dehors après qu'il a plu.

◆ ◆ ◆

Sortez à l'extérieur et trouvez une flaque d'eau.

◆

Si la flaque est sur le trottoir, tracez son contour
avec une craie. Si elle se trouve à un endroit couvert
de terre, tracez un cercle autour à l'aide d'un bâton.

◆

Observez-la tout au long de la journée
pendant qu'elle s'assèche.

◆

Cela suscitera des discussions intéressantes
sur ce qui est arrivé à l'eau.

◆

Ce genre d'activité stimule la capacité de raisonnement.

◆ ◆ ◆

Selon les chercheurs

*Un lien solide avec un adulte aimant aidera l'enfant
à supporter les pressions de la vie quotidienne.*

De
30
à
33
mois

108

Les sandwichs

•••

Les jeunes enfants aiment préparer des sandwichs.
Proposez à votre bambin de faire un sandwich
avec sa tartinade préférée (beurre d'arachide et confiture,
pâte à tartiner au chocolat, etc.).

◆

Pour lui faciliter la tâche, utilisez un couteau à tartiner
plutôt qu'un couteau ordinaire.

◆

Laissez-le participer le plus possible. Il peut ouvrir le bocal,
y plonger le couteau et tartiner le pain.

◆

Vous pouvez étaler une sorte de tartinade sur la première
tranche de pain et une autre sur la deuxième.

◆

Cette activité permettra à votre enfant
d'acquérir de l'assurance et d'exercer sa motricité fine.

◆ ◆ ◆

Selon les chercheurs

*Les habiletés motrices fines et globales se développent
séparément et indépendamment les unes des autres.*

De
30
à
33
mois

Je me lave les mains

La compréhension des séquences est une des habiletés préalables à l'apprentissage de la lecture. L'enfant doit pouvoir accomplir une suite d'actions dans un certain ordre et reproduire une suite en y ajoutant des éléments. En aidant votre bambin de deux ans à penser de façon ordonnée, vous lui permettrez d'acquérir des habiletés qui lui seront utiles plus tard. Des tâches qu'il peut accomplir de façon autonome, comme se laver les mains, s'habiller ou se brosser les dents, sont tout indiquées pour introduire les séquences.

◆ ◆ ◆

Chantez les mots suivants, sur l'air de *J'ai un beau château* :
Je me lave les mains
je les lave, je les frotte
je me lave les mains
et après, qu'est-ce que je fais ? Demandez à votre enfant de répondre à la question. S'il répond : «Je me brosse les dents», dites-lui de faire cette activité.

◆

Ajoutez une nouvelle action chaque fois.

◆ ◆ ◆

Selon les chercheurs

Au cours de ses trois premières années, un enfant pourtant entièrement dépendant formera un réseau extrêmement complexe de circuits cérébraux qui lui permettront de marcher, parler, analyser, aimer, jouer, explorer et acquérir une personnalité affective bien à lui.

De
30
à
33
mois

Quand j'étais...

Aidez votre tout-petit à accroître ses compétences linguistiques et à stimuler son imagination en chantant à propos de divers objets qui l'entourent.

◆ ● ◆

Chantez ce qui suit, sur l'air de
C'est la cloche du vieux manoir:
Quand j'étais une petite horloge,
une petite horloge
je pouvais faire un drôle de bruit
faire un drôle de bruit
tic, tac, tic, tac
Quand j'étais une petite voiture
une petite voiture,
je pouvais faire un drôle de bruit
faire un drôle de bruit
vroum, vroum, vroum, vroum
Quand j'étais un petit ballon,
un petit ballon
je pouvais rouler comme ceci
rouler comme ceci
roule, roule, roule, roule

◆

Variez les objets et imaginez une action
ou un bruit correspondants.

◆ ● ◆

Selon les chercheurs

Pour un développement cérébral maximal, les jeunes enfants ont besoin entre autres d'un milieu stimulant où ils sont exposés à un vocabulaire varié.

De
30
à
33
mois

Les contes

Racontez à votre enfant une histoire
contenant des formules répétitives.

◆ ◆ ◆

Le dialogue suivant, extrait des *Trois petits cochons*,
est un bon exemple :
Le loup : Petit cochon, petit cochon, laisse-moi entrer.
Le cochon : Non, non, par ma queue en tire-bouchon !
Le loup : Alors, je vais souffler, souffler,
si fort que ta maison s'envolera !

◆

Bientôt, votre enfant sera en mesure
de répéter les mots avec vous.

◆

Voici quelques autres contes et chansons à structure
répétitive ou cumulative :
Boucle d'or et les trois ours
Le Petit Chaperon rouge
Le loup et les sept chevreaux
Roule galette
Le vaillant petit tailleur
Mon âne
Biquette

◆ ◆ ◆

Selon les chercheurs

Bien que les enfants apprennent la grammaire plus
facilement en entendant des phrases courtes, ceux dont les
parents utilisent des propositions subordonnées (introduites
par que, qui, parce que, etc.) intègrent ce type de phrases à
leur langage plus tôt que ceux qui n'en ont jamais entendu.

De
30
à
33
mois

Les poèmes

Les enfants de deux ans aiment les rimes,
le rythme et les émotions suggérées par les mots,
particulièrement dans les poèmes.

◆ ◆ ◆

Les poèmes suivants sont tout indiqués
pour les jeunes enfants :
Petit oiseau d'or et d'argent
Oh maman, j'ai mal au cœur !
Une poule sur un mur
Rondin, picotin
Un petit cochon
Une souris verte
Un éléphant

◆

Dites un poème avec votre bambin. Récitez-le
de façon expressive, en mimant l'histoire.

◆

Plus vous mettrez d'expression et d'animation,
plus il l'appréciera et s'amusera. Ce type de jeu
lui restera toujours en mémoire.

De
30
à
33
mois

◆ ◆ ◆

Selon les chercheurs

La causalité est une importante composante de la logique :
si je souris, maman va me sourire. La compréhension
du lien de cause à effet entraîne la formation de synapses
qui permettront éventuellement d'intégrer
des relations de causalité plus complexes.

Les instruments

• • •

Emmenez votre bambin dans un magasin où l'on vend
des instruments de musique.

•

Le vendeur ou la vendeuse le laissera peut-être pianoter
sur les touches du piano.

•

Présentez quelques instruments à votre enfant.
Un employé pourrait même lui faire une démonstration.

•

Après cette visite, discutez de ce que vous avez vu
et entendu.

•

Écoutez des pièces musicales où on entend les instruments
que vous avez vus au magasin. Indiquez-lui les sons
pour qu'il les reconnaisse.

• • •

Selon les chercheurs

*L'écoute de musique ou de sons produits par des instruments
stimule l'aptitude innée des enfants pour la musique et
favorise leurs futurs apprentissages musicaux.*

De
30
à
33
mois

114

Repas chantant

Plus vous parlez à votre bambin, plus son cerveau se développe. Le chant est une autre forme de langage. Il aide l'enfant à se concentrer sur les mots et leur signification.

◆ ◆ ◆

Transformez l'heure du repas en chanson. Au lieu de prononcer des phrases comme: «Veux-tu du lait?» ou «Mange tes carottes», chantez ou chantonnez-les. Vous passerez un bon moment!

◆ ◆ ◆

Selon les chercheurs

Les récentes découvertes dans le domaine de la plasticité neuronale, c'est-à-dire la capacité du cerveau de s'adapter en fonction de son activité, confirment que les stimulations précoces préparent le terrain aux futurs apprentissages et interactions de l'enfant.

De
30
à
33
mois

115

Encore !

◆ ◆ ◆

Quand les jeunes enfants aiment un poème, un livre
ou une chanson, ils veulent les réentendre encore et encore.
C'est même parfois lassant pour le parent !

◆

Si cela se produit avec un livre, demandez à votre bambin
de raconter l'histoire dans ses propres mots.

◆

Lisez l'histoire et laissez-le dire lui-même quelques mots.
Il a probablement déjà mémorisé le texte.

◆

Les histoires simples, faciles à mémoriser,
sont très populaires auprès des enfants.

◆

La lecture d'histoires aidera votre enfant à accroître
sa durée d'attention.

◆ ◆ ◆

Selon les chercheurs

*Lorsque le rythme et la mélodie du langage font partie
intégrante de la vie d'un enfant, l'apprentissage de la lecture
se fait aussi naturellement que l'apprentissage
de la marche et du langage parlé.*

De
30
à
33
mois

116

Le tri

Les enfants de deux ans raffolent de leurs jouets.
Plus vous proposez des activités qui font appel à leurs jouets,
plus ils sont intéressés.

◆ ◆ ◆

Asseyez-vous sur le sol avec votre bambin et disposez
toutes sortes de jouets devant vous.

◆

Proposez-lui de les trier par couleur: «Trouve tous les jouets
rouges et place-les ensemble.» Vous pouvez aussi les classer
selon leur taille ou d'autres caractéristiques: ceux qui ont
des roues, ceux qui représentent des animaux, etc.
Demandez-lui comment il a envie de les trier.
En examinant les jouets, vous découvrirez ensemble
d'autres façons de les regrouper.

◆

Ce jeu contribue à développer la capacité de raisonnement
de l'enfant.

De
30
à
33
mois

◆ ◆ ◆

Selon les chercheurs

Les enfants adorent jouer. Cela leur vient tout naturellement
et on devrait les encourager à le faire, car le jeu est essentiel
à leur développement. La motricité fine et globale, ainsi que
la capacité de raisonnement, s'acquièrent par le jeu.

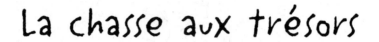

La chasse aux trésors

• • •

Dissimulez trois ou quatre trésors dans le jardin.

◆

Attachez des rubans ou du papier crêpon à proximité
des trésors, pour qu'ils soient faciles à trouver.

◆

Décrivez ces objets à votre enfant et donnez-lui
des indices sur leur cachette. Par exemple :
◆ de petits jouets cachés sous des feuilles
◆ des jouets sur une branche d'arbre
◆ des jouets sur le siège d'une balançoire
ou sous une glissoire

◆

Prenez-le par la main et faites le tour du jardin
pour trouver les trésors.

◆

Il sera ravi de les découvrir !

◆ ◆ ◆

Selon les chercheurs

*Bien que le cerveau puisse acquérir des connaissances
tout au long de la vie, aucune période n'est aussi
foisonnante que ces premières années d'apprentissage.*

De
30
à
33
mois

La marelle

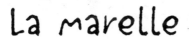

•••

Dessinez un jeu de marelle sur le trottoir
et numérotez-en les cases de un à cinq.

◆

Montrez à votre enfant comment lancer un caillou,
un bâton ou tout autre objet (pas trop petit ni tranchant).
Expliquez-lui qu'il doit atteindre un des chiffres.

◆

Dites-lui ensuite de sauter à cloche-pied jusqu'à ce chiffre.

◆

Il peut également avancer en sautillant,
en courant ou en marchant.

◆

Ce jeu fait appel à la coordination et à l'équilibre,
tout en abordant le concept des chiffres.

•◆•

Selon les chercheurs

Le mouvement est la seule activité qui fait appel
aux hémisphères gauche et droit des jeunes enfants.

De
30
à
33
mois

Le chiot

• ◆ •

Désignez un coin de la pièce comme étant la «niche»
où jouent les chiens.

•

Faites semblant d'être la maman (ou le papa) chien,
et dites à votre bambin qu'il est le chiot.

•

Demandez-lui quel est le nom du chiot et appelez-le
par ce nom pendant toute la durée du jeu.

•

Dites-lui, par exemple : «Ouah, ouah ! Viens, (nom du
chiot) ! Allons à la niche en sautant sur une patte !»

•

Sautez à cloche-pied en l'encourageant à vous suivre.

•

Continuez à lui proposer des activités dans la niche.
Demandez-lui s'il a des suggestions.

•

Vous pourriez sauter, marcher, ramper et même manger
dans la niche, en faisant mine de gruger un os
ou en prenant une véritable collation.

◆ ◆ ◆

Selon les chercheurs

*Le cerveau humain se développe le plus rapidement entre la
naissance et l'âge de six ans. Les scientifiques s'entendent
pour affirmer que la personnalité, les attitudes, la perception
de soi, le langage, la faculté d'adaptation et les modes
d'apprentissage sont en place dès l'âge de trois ans.*

De
33
à
36
mois

La corbeille à linge

Les corbeilles à linge sont de bons accessoires
pour s'exercer à faire des lancers.

◆ ◆ ◆

Expérimentez avec différents objets : une balle,
un ballon, du papier chiffonné, des foulards, etc.

◆

Chaque objet requiert une habileté motrice différente
pour atterrir dans la corbeille.

◆

Placez cette dernière assez près de l'enfant
pour qu'il réussisse à y lancer l'objet.

◆

Ce jeu est un excellent moyen d'améliorer la coordination.

◆ ◆ ◆

Selon les chercheurs

Chaque nouveau mouvement doit être répété à maintes
reprises pour renforcer les circuits neuronaux.

De
33
à
36
mois

121

La lune

◆ ◆ ◆

Observez la lune avec votre bambin (rappelez-vous
qu'elle apparaît parfois quand il fait encore jour).
Répétez cette activité plusieurs soirs de suite.
Discutez de la forme et de la taille de la lune
qui se modifient d'un jour à l'autre.

◆

Dessinez la lune telle que vous l'avez vue. Il sera amusant
de comparer sa forme et sa taille les jours suivants.

◆

Trouvez des mots pour décrire la lune : ronde, grosse,
allongée, étroite, etc.

◆

Cette activité contribue à aiguiser le sens de l'observation.

◆ ◆ ◆

Selon les chercheurs

*Les liens affectifs et les expériences de la petite enfance
ont une influence déterminante sur la structure du cerveau.
Les enfants perçoivent le monde par leurs sens,
qui permettent à leur cerveau de créer ou modifier
des connexions.*

De
33
à
36
mois

Les glaçons

Cette activité est idéale lorsqu'il fait chaud!

◆ ◆ ◆

Fabriquez des glaçons avec de l'eau additionnée
de colorant alimentaire. Commencez par une seule couleur.

◆

Déposez les glaçons dans une bassine ou un récipient
incassables et proposez à votre bambin de les manipuler.
Désignez-les par leur couleur: «S'il te plaît,
donne-moi un glaçon bleu.»

◆

Servez-vous des glaçons comme cubes à construction
et empilez-les. Il est amusant de les regarder fondre.
Cela donnera lieu à toutes sortes de discussions.

◆

Fabriquez d'autres cubes de glace, en utilisant deux couleurs.
Cette fois, comparez les couleurs en les empilant. En fondant,
ils produiront peut-être une troisième couleur. Par exemple, des
glaçons rouges et des glaçons jaunes produiront un liquide orange.

◆ ◆ ◆

Selon les chercheurs

*Le cerveau est un organe auto-organisateur. Les synapses sont
en attente de nouvelles informations qui viendront configurer
les circuits associés au langage, au raisonnement, à la pensée
rationnelle, à la résolution de problèmes et aux valeurs morales.*

De
33
à
36
mois

Le sentier coloré

• • •

Collez des carrés de papier de bricolage sur le sol
pour former un sentier. Utilisez du papier de deux ou trois
couleurs différentes.

◆

Chantez une chanson de votre choix (*Ah ! vous dirais-je
maman* convient bien à ce jeu) en marchant avec votre
bambin sur ce chemin.

◆

Chaque fois que vous arrêtez de chanter, immobilisez-vous.
Si votre enfant connaît ses couleurs, demandez-lui de
nommer la couleur du carré où vous vous trouvez.

◆

Afin de développer son raisonnement spatial,
suggérez-lui de marcher sur le carré, de sauter
par-dessus ou d'en faire le tour.

◆

Vous pouvez lui proposer d'autres actions, comme sauter
à cloche-pied, reculer et marcher sur la pointe des pieds.

• ◆ •

Selon les chercheurs

*Pendant cette période
de développement cérébral
intense, de longs filaments
croissent dans le cerveau pour acheminer
les impulsions électriques d'une cellule à l'autre.
Le circuit ainsi créé croît de jour en jour,
jetant les bases neurologiques qui permettront
à l'enfant d'acquérir des habiletés
tout au long de sa vie.*

De
33
à
36
mois

Jeu rythmé

•••

Scandez les paroles suivantes
en exécutant les gestes correspondants :
Un, deux, trois
touche ton genou
un, deux, trois
genou, genou, genou !

◆

Répétez en modifiant la partie du corps.
Vous pouvez toucher votre bras, vos orteils, etc.

◆

Il n'est pas nécessaire que les mots riment.

◆

Cette activité permet de familiariser l'enfant avec le rythme.

◆ ◆ ◆

Selon les chercheurs

L'écoute de pièces musicales crée et renforce des circuits
neuronaux associés à la compréhension des concepts
mathématiques.

De
33
à
36
mois

Mon petit chou

Ce petit poème entraînera la formation d'une foule de connexions dans le cerveau de votre bambin.

◆ ◆ ◆

Chantez ce qui suit, sur l'air de *La laine des moutons* :
Mon petit chou à moi
je t'aime, oui je t'aime
mon petit chou à moi
je t'aime gros comme ça !
je t'aime, je t'aime, je t'aime, mon petit chou
je t'aime, je t'aime, je t'aime plus que tout !

◆

Vous pouvez remplacer le mot chou par le terme d'affection de votre choix : coco, poussin, chaton, puce, choupette, poupoune, etc.

◆

Prenez l'enfant par les mains et dansez en tournant.
Au dernier vers, prenez-le dans vos bras.

◆ ◆ ◆

Selon les chercheurs

La nature et l'éducation sont inextricablement liées. La nature fournit un organe qui est alimenté par les expériences et les associations. L'éducation guide sa progression, déterminant quels circuits cérébraux sont utilisés et lesquels sont ignorés.

De
33
à
36
mois

Regarde-moi

*Les jeux d'enchaînements sont excellents pour préparer
votre enfant à la lecture.*

◆ ◆ ◆

Chantez ce qui suit, sur l'air de *Malbrough s'en va-t-en
guerre* :
*Regarde ce que je peux faire
mironton mironton mirontaine
regarde ce que je peux faire
je peux bouger comme ça !* (bis) (sauter sur place)

◆

Recommencez en ajoutant un autre mouvement
après le saut.

◆

Continuez à chanter en ajoutant chaque fois
une action supplémentaire.

◆

L'enfant peut secouer une jambe, taper des mains, faire une
pirouette, hocher la tête, toucher ses genoux, etc.

◆ ◆ ◆

Selon les chercheurs

*Les connexions associées à la vision et aux habiletés
motrices doivent être établies entre l'âge de deux
et onze ans, car le cerveau adulte a rarement
la plasticité requise pour se remodeler.*

De
33
à
36
mois

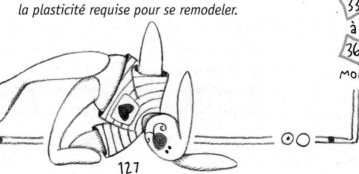

127

Les percussions

...

Donnez un assortiment d'instruments à percussion
à votre enfant pour lui permettre de découvrir
toute une palette sonore. Commencez par un tambour,
des blocs à poncer, un triangle et des bâtonnets.

◆

• Tambour : l'enfant peut le frapper sur la bordure ou au centre
de la membrane pour obtenir des sons plus ou moins élevés.
• Blocs à poncer : en les frottant l'un contre l'autre,
il produira un son intéressant qui rappelle celui d'un train.
• Triangle : en le frappant à différents endroits,
il pourra entendre toute une variété de sons.
• Bâtonnets : il pourra créer toutes sortes de sons
en les frappant sur différentes surfaces.
• Frapper un bâton sur le sol, puis sur la table
est une activité fascinante pour un enfant de cet âge.

◆ ◆ ◆

Selon les chercheurs

*Le Dr Mark Tramo, neurologue à la Harvard Medical School,
a découvert que l'exposition à la musique permet
de remodeler les circuits neuronaux. Comme tous les circuits
formés dans la petite enfance, ceux qui sont associés
à la musique persisteront pour le reste de la vie.*

De
33
à
36
mois

L'épicerie

•••

Demandez à votre bambin de vous aider
à préparer la liste d'épicerie.

◆

Emmenez-le à l'épicerie et cherchez ensemble
les aliments de la liste.

◆

En rentrant à la maison, laissez-le vous aider à ranger
vos achats en «lisant» les étiquettes sur les produits.

◆

Vous pourriez préparer une recette avec les ingrédients
que vous venez d'acheter.

◆

Félicitez votre enfant et remerciez-le de son aide.

◆ ◆ ◆

Selon les chercheurs

*Au cours de ses trois premières années, un enfant pourtant
entièrement dépendant formera un réseau extrêmement
complexe de circuits cérébraux qui mèneront à l'émergence
d'un individu autonome.*

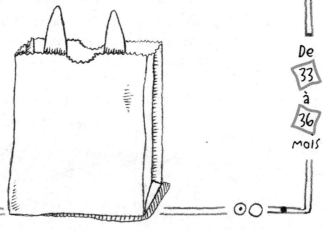

De
33
à
36
mois

129

Les choix

*Ce jeu est idéal pour apprendre à votre enfant
à faire des choix.*

◆ ◆ ◆

Asseyez-vous par terre avec lui et disposez plusieurs
animaux en peluche devant vous.

◆

Adressez-vous à l'un des animaux: «Monsieur l'ourson,
voulez-vous des céréales ou du fromage, ce matin?»
Laissez votre enfant répondre à la place de l'ourson.

◆

Discutez des avantages et des inconvénients de son choix.

◆

Adressez-vous à un autre animal: «Petit lapin, vas-tu jouer
dehors ou dans la maison?» Écoutez sa réponse
et discutez de son choix.

◆

Il est important que l'enfant se sente accepté
et approuvé lorsqu'il fait des choix.

◆ ◆ ◆

Selon les chercheurs

*La libération de certaines endorphines intensifie
l'action des connexions cérébrales. Les émotions positives
entraînent la production de ces endorphines.*

De
33
à
36
mois

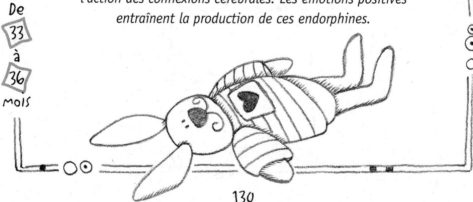

Bibliographie

Livres

CAINE, Geoffrey, et Renate CAINE, *Making connections : Teaching and the Human Brain*, 1994, Chicago, Addison-Wesley.

CARNEGIE CORPORATION OF NEW YORK, *Starting points : Meeting the Needs of Our Youngest Children*, 1994, Chicago, Addison-Wesley.

GARDNER, Howard, *Les formes de l'intelligence*, 1997, Paris, Odile Jacob.

HEALY, Jane, *Your Child's Growing Mind*, 1987, New York, Doubleday.

HOWARD, Pierce J., *The Owners' Manual for the Brain : Everyday Application from Mind-Brain Research*, 1994, Austin, Leorninan Press.

KOTULAK, Ronald, *Inside the Brain : Revolutionnary Discoveries of How the Mind Works*, 1996, Kansas City, Andrews and McMeel.

SCHILLER, Pam, *Start Smart : Building Brain Power in the Early Years*, 1999, Beltsville, Gryphon House.

SHORE, Rima, *Rethinking the Brain : New Insights into Early Development*, 1997, New York, Families and Work Institute.

SILBERG, Jackie, *Bébés génies, de 0 à 12 mois*, 2007, Laval, Guy Saint-Jean Éditeur.

SYLWESTER, Robert, *A Celebration of Neurons : An Educator's Guide to the Human Brain*, 1995, Alexandria, Association for Supervision and Curriculum Development.

Bibliographie

Vidéos

• *10 Things Every Child Needs: The Crucial Role that parents Play in Children's Brain Development,* McCormick Tribute Foundation.

• *The all-Time Great Parent Test,* McCormick Tribute Foundation.

• *Common Miracles: The New American Revolution in Learning,* Peter Jennings et Bill Blakemore, ABC News Special, 60 minutes.

• *I am Your Child: The First Years Last Forever,* Rob Reiner, animateur, 29 minutes.

• *Your Child's Brain,* ABC -20/20.

Articles

ADLER, Eric, «Baby Talk: Babies Learn Language Early in Surprinsingly Sophisticated Ways», *Kansas City Star,* 12 novembre 1995.

BEGLEY, Sharon, «Mapping the Brain», *Newsweek,* Avril 1992.

BEGLEY, Sharon, «How to Build a Baby's Brain», *Newsweek,* Printemps/Été 1997, Édition Spéciale p. 12-32.

BROWNLEE, Shannon, «Baby Talk», *U.S. News and World Report,* 15 juin 1998, 48-55.

GRAZIANO, Amy, M. PETERSON et Gordon SHAW, «Enhanced Learning of Proportional Math Through Music Training and Spatial-temporal Training», *Neurological Research,* 1999, p. 139-152.

JABS, C., «Your Baby's Brain Power», *Working Mother Magazine,* p. 24-28.

LALLY, Ronald J., «Your Baby's Brain Power», *Working Mother Magazine,* Novembre 1996, p. 24-28

LORENZ, Julia, «The Terrific Twos: Taking Care of Toddlers», *Early Childhood News Magazine,* Novembre-Décembre, p. 11-14.

Bibliographie

NASH, Madeline, «Fertile Minds», *Time,* 3 février 1997, p. 48-63.

NEWBERGER, Julee J., «New Brain Development Research : A Wonderful Opportunity to Build Public Support for Early Childhood Education», *Young Children,* Mai 1997, p. 4-9.

RAUSCHER, Frances, «The importance of preschool Music : Enhancing Cognitive Development», *NCJW,* Automne 1997, p. 15-17 et p. 29-30.

SCHILLER, Pam, «Brain Development Research : Support and Challenges», *Child Care Information Exchange,* Septembre 1997.

SIMMONS, Tim et Ruth SHEEHAN, «Too Little to late», *The News and Observer,* 16 février 1997.

TROTTER, Robert J., «The Play's the Thing», *Psychology Today,* Janvier 1987, p. 26-34.

VIADERO, Debra, «Brain Trust», *Education Week,* 18 septembre 1996.

VIADERO, Debra, «Music on the Mind», *Education Week,* Octobre 1998, p. 25-27.

ZIGLER, Edward, Témoignage de Zigler à propos des implications de la Politique sur le Développement du Cerveau de l'enfant, Comité du Travail et des Ressources Humaines du Sénat des É.-U., le Sous-comité sur les Enfants et la Famille, 5 juin 1997.

Sites Internet
- news-observer.com
- mbbnet.umn.edu/doric/brainscapes.html
- rie.org
- familiesandwork.org

Publié chez le même éditeur :

Les enfants de 1 à 3 ans : Les tout-petits

Les enfants de 3 à 5 ans : L'âge préscolaire

Les enfants de 6 à 8 ans : Les premières années d'école

Les enfants de 9 à 12 ans : Les préadolescents

Être parent dans un monde de fous

La production des ⸱ tres de la série **_Bébés génies_** sur papier Rolland Enviro100 Édition, plutôt que sur du papier vierge, aide l'environnement en économisant :

Arbres ⸱ 12
Déchets solides : 360 kg
Eau : 34 069 l
Matières en suspension dans l'eau : 2,3 kg
Émissions atmosphériques : 791 kg
Gaz naturel : 51 m³

Imprimé sur Rolland Enviro100, contenant 100% de fibres recyclées postconsommation, certifié Éco-Logo, Procédé sans chlore, FSC Recyclé et fabriqué à partir d'énergie biogaz.